ABILITY1.5 実践音楽制作ガイド

初歩からわかる、
活用のヒントとテクニック

ABILITY PRO / ABILITY 対応

目黒真二

協力 株式会社インターネット

Stylenote

はじめに

　初心者から上級者まで幅広い層に支持されている音楽制作ソフト「Singer Song Writer」が、装いも新たに、プロフェッショナルにも対応できるDAW（デジタルオーディオワークステーション）、「ABILITY」として生まれ変わりました。新たに搭載された機能は、音楽制作やレコーディング現場にはなくてはならないものばかりで、それが純国産であることはうれしい限りです。

　国産ソフトの強みは、なんと言ってもユーザーからの要望をいち早く、そして的確にバージョンアップに反映できることだと思います。このABILITYも発売数ヶ月でバージョン1から1.5になり、新たな機能が搭載され、より便利になっています。

　本書は、初めてパソコンで音楽を作る人、そしてこれまでSinger Song Writerを使ってきた人、あるいはこれまで海外の音楽制作ソフトを使ってきた人が、すぐにABILITYを使って曲を作る体制を整え、さらにABILITYならではの便利な使い方をマスターできるように解説しています。

　「ABILITY」は、「〜ができる可能性」や「力量」「才能」という意味の言葉です。ABILITYを使いこなせれば、作曲／編曲／ミキシング／マスタリング／楽譜制作など、音楽的なあらゆる場面で可能性が広がるはずです。ぜひ本書を参考に、あなたの可能性を広げていってください。

筆者

※本書はABILITY Proの画面を使って説明していますが、ABILITYでも同様に操作できます。また画面や機能が大きく違う部分では別途ABILITYの画面で説明しています。
※本書で解説しているABILITYシリーズは、Windows OS向けのソフトです。

CONTENTS

はじめに ··· 3

Chapter 1
ABILITY シリーズの音を鳴らす

Part1　準備編 ·· 10
- 接続 ·· 10
- 起動 ·· 11
- MIDI IN ポートの設定 ··· 13
- オーディオポートの設定 ·· 14

Part2　実践編 ·· 17
- ソングを開いて設定を確認する ·· 17
- プレイパネルの表示とレイアウトの保存 ·· 19
- マイクやギターの接続 ·· 26

Part3　音量、パン、エフェクト編 ·· 33
- デモソングの終了 ·· 36
- ABILITY Pro と ABILITY のオーディオミキサーインスペクタの違い ························ 36

Chapter 2
ABILITY シリーズの機能ですばやく曲を作る

Part1　基礎編 ·· 40
- メディアブラウザを使った伴奏作り ·· 40

Part2　応用編 ·· 55
- ソングに変更を加える ·· 55
- メロディを自動的に作る ·· 58
- ソングの保存 ·· 63

Part3　VOCALOID（ボーカロイド）同期編 ·· 64
- ReWire 同期の確認 ·· 70

Chapter 3
MIDIトラックを中心とした楽曲作成

Part1　準備編 76
- MIDIトラックの作成 76
- VSTインストゥルメント（以下、VSTi）ウインドウでVSTiを起動する 78
- ABILITYでのVSTiのトラック設定 89
- トラック名の変更 95

Part2　実践編 96
- キーボードステップ入力によるドラムパートの作成（ピアノロールエディタ編）..... 96
- マウスステップ入力によるベースパートの作成（ピアノロールエディタ編）....... 104
- キーボードステップ入力によるシンセパートの作成（スコアエディタ編）........... 107
- マウスステップ入力によるギターパートの作成（スコアエディタ編）................. 110

Part3　応用編 115
- データを操作して表情をつける 115
- 音楽記号を使って表情をつける 125
- オートニュアンス入力を利用する 128
- MIDIプラグインを活用しよう 130
- コピー&ペーストで体裁を整える 137

Chapter 4
メロディに伴奏をつける

Part1　メロディのMIDIリアルタイム入力と修正 140
- MIDIキーボードを使ったリアルタイム入力 140
- データの修正 144

Part2　鼻歌入力 148

Part3　伴奏作成 151
- コードを入力する 151
- EZアレンジを使った伴奏づけ 155
- MIDIのドラム専用「10トラック」の仕組み 157

Chapter 5
オーディオトラックを中心とした楽曲作成

Part1　準備編 160
- 新規作成 160
- エフェクトの起動（ABILITY Pro の場合） 161
- エフェクトの起動（ABILITY の場合） 165

Part2　ギター録音編 166
- ドラムフレーズの用意 166
- ギター録音 170

Part3　修正・追加編 174
- 録音したデータの修正 174
- ベースパートの入力 176

Chapter 6
オーディオ録音に便利な機能

Part1　ギターのベストテイク作成編 182
- ギターのベストテイクを作る 182

Part2　ボーカル録音とピッチ修正、オートハーモニー機能編 187
- ボーカル録音 187
- どうも歌いにくいという場合 189
- ボーカルエディタを使ったボーカル修正 191
- AUTO ハーモナイズ（ABILITY Pro のみ） 198

Part3　ビートエディタ編（ABILITY Pro のみ） 203

Chapter 7
ウェーブエディタによるオーディオ処理

Part1　波形編集編 212
- ウェーブエディタでの波形編集操作 212

Part2　書き出し / 読み込み編 227
- フォーマット変更でさまざまなファイルに対応する 227
- オーディオファイルをソングに読み込む 230

Chapter 8
実践・エフェクト入門

| Part1 | 基礎編 | 234 |
- エフェクト操作の準備 ……………………………………………… 234
- エフェクトの種類を知る …………………………………………… 236

| Part2 | インサートエフェクト編 | 238
- イコライザー ………………………………………………………… 238
- イコライザーの使い方 ……………………………………………… 239
- コンプレッサー ……………………………………………………… 243
- コンプレッサーの使い方 …………………………………………… 244

| Part3 | センドエフェクト編 | 249
- センドエフェクト …………………………………………………… 249

| Part4 | VSTインストゥルメントトラック編 | 255
- VSTインストゥルメントのエフェクトの使用 …………………… 255

| Part5 | Sonnox社プラグインエフェクト（ABILITY Proのみ）| 258

Chapter 9
ミックスダウン

| Part1 | 基礎調整編 | 262
- 曲の構成を見る ……………………………………………………… 262
- 音量の調整 …………………………………………………………… 264
- パンポット（定位）の調整 ………………………………………… 270

| Part2 | オートメーション編 | 271
- オートメーション …………………………………………………… 271

| Part3 | マスタリング編 | 275
- マスタリングで使うエフェクトその1 イコライザー系エフェクト「Graphic EQ」 ……………………………………………………… 275
- マスタリングで使うエフェクトその2 ダイナミクス系エフェクト「Maximizer（マキシマイザー）」 ………………………………… 282
- 音を客観的に判断するグッズを利用する ………………………… 284

Chapter 10
オーディオファイルに保存する

Part1 オーディオ書き出し（オーディオファイルに保存）編 ……… 288
- オーディオファイルに保存する ……………………………………………… 288
- トラックを個別にオーディオファイルとして保存する ……………………… 291

Part2 CD 作成 / 読み込み編 ………………………………………… 294
- オーディオ CD の制作 ………………………………………………………… 294
- オーディオ CD から MP3 に変換する ……………………………………… 297

Chapter 11
楽譜の作り方

- スコアエディタでの入力 ……………………………………………………… 300
- 譜面作成エディタで調整する ………………………………………………… 306
- 個別設定 ………………………………………………………………………… 311

索引 ……………………………………………………………………………………… 315

Singer Song Writer、ABILITY は、株式会社インターネットの登録商標です。
Microsoft、Windows、Windows XP、Windows Vista、Windows 7、Windows 8、Outlook Express、Windows Media Player、Windows Media および Windows ロゴは、Microsoft Corporation の米国および、その他の国における商標または登録商標です。
Reason、ReWire は Propellerhead Software AB の商標です。
Cubase、VST、ASIO は Steinberg Media Technologies GmbH 社の登録商標です。
VOCALOID™ はヤマハ株式会社の登録商標です。
その他の商標や登録商標は、それぞれの会社に属します。

Chapter 1

ABILITY シリーズの音を鳴らす

● Chapter 1　ABILITY シリーズの音を鳴らす

Part1

準備編

ABILITY シリーズの音を鳴らすために、外部機器との接続と設定を行います。

接続

　パソコンは Windows 7 32 ビット、オーディオインターフェースは Roland QUAD-CAPTURE、MIDI キーボードは Roland A-500PRO を使用した例です。
　その他、アンプ内蔵のモニタースピーカー、ヘッドホン、マイク、エレキギターなどを使用しています。

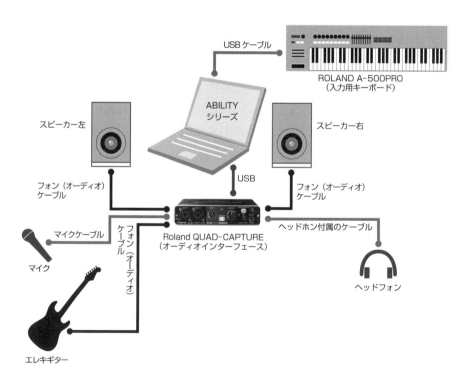

ヒント **オーディオインターフェースとは**
パソコンに接続し、ABILITY シリーズにオーディオデータを入力（録音）したり、ABILITY シリーズ内に入力されているオーディオデータを出力（再生）するための機器です。Windows ではデータを高速に送受信できる「ASIO ドライバ」に対応したものが一般的に使われます。

ヒント **MIDI キーボードとは**
パソコンに接続して、ABILITY シリーズに MIDI データを入力したり音色を試聴したりするためのキーボードです。現在は USB 端子で接続するものがほとんどですが、MIDI 端子しかついていないキーボードの場合には、別途専用の MIDI インターフェースを用意して接続します。

ヒント オーディオインターフェースと MIDI キーボードがなくても、ABILITY シリーズ付属の INASIO ドライバを使えばパソコンのサウンドカードを使ってオーディオ録音 / 再生ができ、ABILITY シリーズのキーボードウインドウで MIDI 入力が行えます。ただし、オーディオの音質やモニター音の遅れの問題、キーボードの使い勝手に制約があるので、できる限り専用の機器を用意することをお勧めします。

起動

「スタート」＞「すべてのプログラム」＞「ABILITY Pro」＞「ABILITY Pro」をクリックします。

ヒント インストール時にデスクトップにショートカットアイコンを作成した場合には、そのアイコンをダブルクリックして起動することもできます。

● Chapter 1　ABILITY シリーズの音を鳴らす

ABILITY シリーズが起動します。

> **ヒント**　起動時の環境によっては、このあと設定する予定の MIDI とオーディオに関するダイアログが表示される場合があります。それぞれ「OK」をクリックして画面を閉じ、このあとの項で説明する手順に従って MIDI とオーディオに関する設定を行ってください。
>
>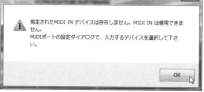

MIDI IN ポートの設定

ここではパソコンとUSBケーブルで接続されているMIDIキーボードを使って、ABILITYシリーズにMIDIデータを入力できるようにMIDI INポートを設定します。

「ポート」とはABILITYシリーズ内の入出力を接続する経路のことです。MIDIキーボードとパソコンはすでに接続してありますが、ABILITYシリーズ内のMIDIポートと機器を内部的に接続する必要があります。

あらかじめMIDIキーボードのドライバをパソコンにインストールしMIDIキーボードをパソコンに接続しておいてください。ここでは本ガイドで使用するRoland社のMIDIキーボードA-500PROを使用した例で解説します。

(手順)
(1)「設定」>「MIDIポートの設定」をクリックします(①)。
(2)「MIDIポートの設定」が開くので「MIDI IN/MTC」をクリックします(②)。

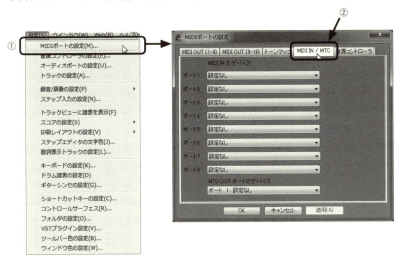

「MTC」とは「MIDI TIME CODE(ミディ・タイム・コード)」の略で、他の機器と同期して録音や再生を行うための規格です。

(3) ポート1の「設定なし」の部分をクリックすると、メニューが開きます。ここでは Roland 社の MIDI キーボード A-500PRO のデバイス名「A-PRO 1」をクリックします（③）。

> **ヒント** A-500PRO には、MIDI 出力が 2 系統用意されていますが、ここでは初期状態で鍵盤の演奏情報を送る「A-PRO 1」に設定しています。他の MIDI キーボードをお使いの場合は、MIDI キーボードに付属のマニュアルなどをご確認のうえ設定を行ってください。

(4)「OK」をクリックします（④）。

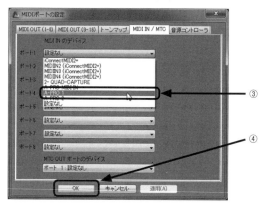

> **ヒント** 外部 MIDI 音源を接続して使用する場合は「MIDI OUT (1-8)」「MIDI OUT (9-16)」でデバイス名を設定します。

オーディオポートの設定

歌やギターを録音したり、録音した音やVSTインストゥルメントの音をスピーカーやヘッドホンなどに出力したりするために、パソコンに接続してあるオーディオインターフェースをオーディオポートに設定します。

> **ヒント**「ポート」とは ABILITY シリーズ内の入出力経路のことです。オーディオインターフェースとパソコンはすでに接続してありますが、ABILITY シリーズ内のオーディオポートと機器を内部的に接続する必要があります。

あらかじめオーディオインターフェースのドライバをパソコンにインストールしオーディオインターフェースをパソコンに接続しておいてください。ここでは本ガイドで使用するRoland社のオーディオインターフェースQUAD-CAPTUREを使用した例で解説します。

(手順)
(1)「設定」＞「オーディオポートの設定」をクリックします（①）。
(2)「オーディオポートの設定」が開きます。「ドライバ」の項目の「ASIOドライバ」をクリックしてメニューから「QUAD-CAPTURE[ASIO]」をクリックします（②）。

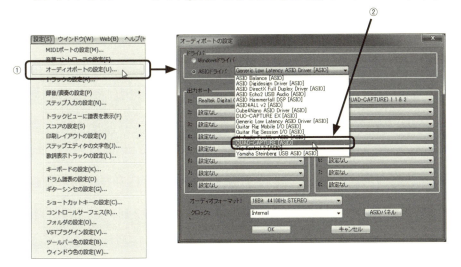

(3)「オーディオフォーマット」をクリックして、メニューから「32Bit 44100Hz STEREO」をクリックします（③）。

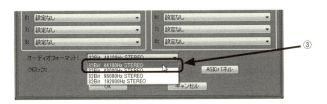

「オーディオフォーマット」は使用するオーディオインターフェースによって選択できる項目が異なります。くわしくはオーディオインターフェースのマニュアルなどでご確認ください。

出力ポートと入力ポートは自動的に、図のようにそれぞれ「1-2 1 & 2」と設定されます（④）。自動的に設定されない場合や、設定を変更する場合には、それぞれの項目をクリックしてメニューからオーディオインターフェースやデバイスを選択してください。

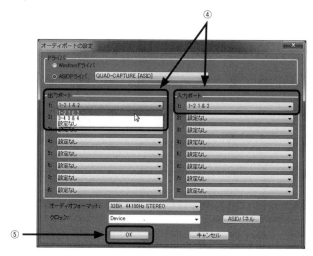

(4)「OK」をクリックします（上図⑤）。

ここまでの操作で、オーディオインターフェースとMIDIキーボードの設定が済みました。

Part2
実践編

デモソングを開き、実際に音が鳴るかどうかを確認します。

ソングを開いて設定を確認する

ABILITYシリーズに付属しているデモソングを例に設定の確認を行います。

■デモソングを開く

(手順)

(1)「ファイル」>「開く」をクリックします（①）。
(2)「ソングファイルを開く」が開きます。ここで「ファイルの場所」が図の通りに「Song」になっている場合には（②）、そのままソングファイルの「Tiger In A Cage」をクリックして選択し（③）、「開く」をクリックします（④）。

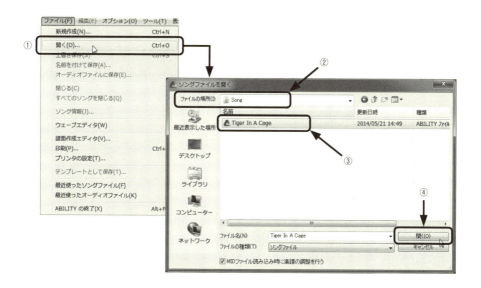

● Chapter 1　ABILITY シリーズの音を鳴らす

　他の場所やフォルダが選択されており、ソング名が表示されていない場合、「ファイルの場所」の右端の［▼］ボタンをクリックして（⑤）、「マイドキュメント」＞「ABILITY（Pro）」＞「Song」を指定して（⑥）「Tiger In A Cage」を開いてください。

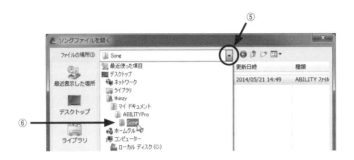

※ABILITYで次のようなメッセージが表示されたら、ここでは音が鳴るかのチェックだけですので「全て無視」をクリックします（⑦）。

ソングが開き「ソングエディタ」という画面が開きます。

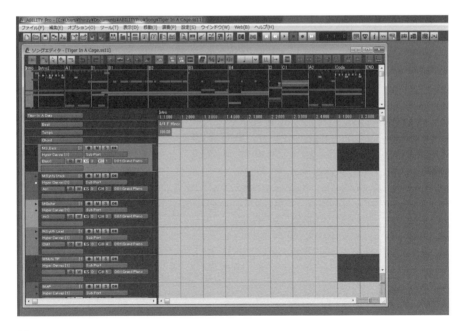

プレイパネルの表示とレイアウトの保存

　ソングエディタ上部のツールバーにも再生や停止、巻き戻しを行うボタンがありますが、独立した「プレイパネル」を使うとテンポやキーなどの細かな設定が行えて便利です。プレイパネルが指定した位置に表示されるように「レイアウト」として保存してみましょう。

(手順)

(1)「ウインドウ(J)」＞「ウインドウの起動」＞「プレイパネル」をクリックします（①）。
(2) プレイパネルが表示されます（②）。プレイパネルのボタンなどのない余白の部分をドラッグして使いやすい場所に移動します。

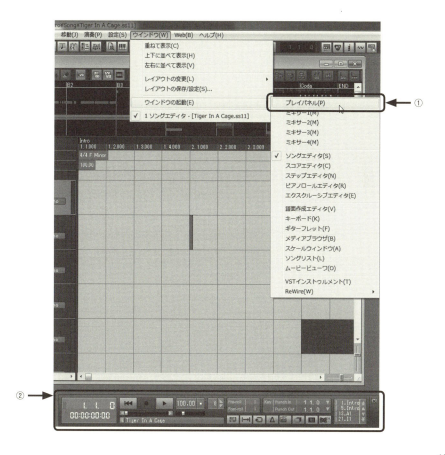

(3) この状態で「ウインドウ」＞「レイアウトの保存/設定」をクリックします（③）。
(4)「レイアウトの保存/設定」が開くので「新規レイアウト名」に名前を入力します（④）。
ここでは例として「Play」と入力し「新規保存」をクリックします（⑤）。

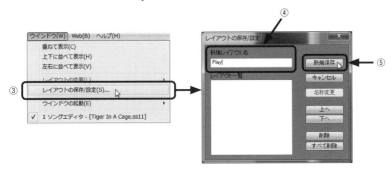

これでプレイパネルが表示されていないとき、「ウインドウ」＞「レイアウトの変更」＞「Play」をクリックするだけで（⑥）、プレイパネルが指定した位置に表示されます。

ここではプレイパネルのみの例ですが、今後ミキサーやエディタなどを含めたウインドウのレイアウトを作成して便利に使うことができます。

再生の注意と再生の操作

それではソングを再生してみましょう。

(手順)
(1) 音を初めて再生して鳴らすときは、各電源をオンにしたあと、オーディオインターフェースと、パワードスピーカー、パワーアンプなどの再生装置のボリュームを「0」の状態にしておきます。

オーディオインターフェースによっては、ABILITYシリーズ内の音と入力する音とのバランスをとるためのツマミがついているものがあります。これからABILITYシリーズの音だけを聞くので、ツマミを「PLAYBACK」側いっぱいに回しておきます。

「PLAYBACK」側いっぱいに回す

(2) プレイパネルの「再生 / 停止」ボタンをクリックします。

「再生 / 停止」ボタン

　オーディオインターフェース➡再生装置の順番でボリュームを少しずつ上げてきます。オーディオインターフェースは「5」程度の音量にしておき、再生装置のボリュームは気持ちよく聞こえる大きさを目指します。再生装置のボリュームをかなり上げても全体的な音量が小さいときにはオーディオインターフェースのボリュームを上げます。

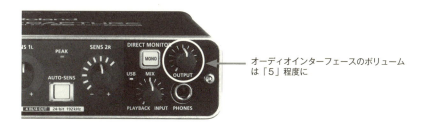
オーディオインターフェースのボリュームは「5」程度に

　無事に音が鳴れば、接続や設定はOKです。もう一度「再生 / 停止」ボタンをクリックして再生を停止させます。

ヒント　再生中は、「▶ (再生)」ボタンが「■ (停止)」ボタンになります。

● Chapter 1　ABILITY シリーズの音を鳴らす

■ MIDI キーボードで鳴らす

　VST インストゥルメントがアサインされている MIDI トラックを選択して接続している MIDI キーボードを弾くと、VST インストゥルメントの音が鳴ります。

> **ヒント　MIDI トラックとは** ●————
> 音の高さや長さ、強さなど楽器を演奏するためのデータを記録 / 再生するトラックです。ABILITY シリーズでは、デフォルトでトラック名の先頭に MIDI の頭文字である M が「M:○○〜」というように表示されます（下記手順（1）参照）。

> **ヒント　VST インストゥルメントとは** ●————
> ABILITY シリーズ内で演奏できるソフトウェアの音源（楽器）です。ABILITY Pro には 8 個、ABILITY には 3 個付属しています。VSTi（ブイエスティアイ）と略されることもあります。

（手順）

(1) ソングエディタの右端にある縦方向のスライダーをドラッグして（①）「M:SC10」というトラックを表示します（②）。
(2)「M:SC10」トラックのボタンや項目がない余白部分をクリックして選択します（③）。

(3) MIDIキーボードを弾くとドラムの音が鳴り、「M:SC10」のトラックのメーターが反応します（④）。

> **ヒント** MIDIキーボードを用意していない場合には、「ウインドウ」＞「ウインドウの起動」＞「キーボード」をクリックしてキーボード画面を開き、鍵盤をクリックすることで同じことができます。
>
>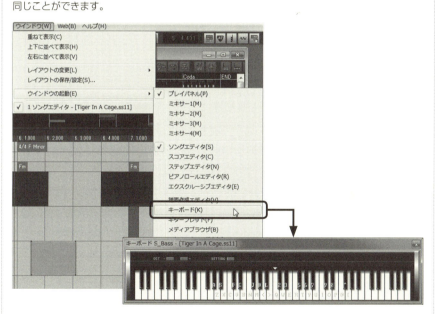

キーボード画面を使う場合は、今後「MIDIキーボードを弾く」という説明は「キーボード画面の鍵盤をクリックする」と読み替えて操作してください。ここではMIDIキーボードを使用する前提で、キーボード画面は閉じた状態で操作を行います。

● Chapter 1　ABILITY シリーズの音を鳴らす

VST インストゥルメントを確認する

　このドラムの音はVSTインストゥルメントで鳴らしています。VSTインストゥルメントがどのようなものなのか、画面を確認してみましょう。

(手順)

(1)「ウインドウ」＞「ウインドウの起動」＞「VSTインストゥルメント」をクリックします（①）。

　VSTiウインドウが開きます。この曲では「Hyper Canvas」と「RMV 8-8_SSW9」という2つのVSTインストゥルメントが使われています（②）。

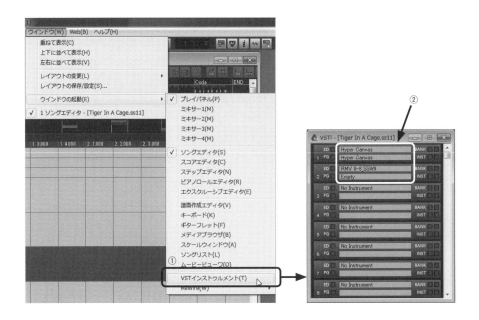

　ABILITYでは、「INVSC」というVSTインストゥルメントがアサインされており、次の操作のED画面は開きません。

(2) Hyper Canvas にある「ED」というボタンをクリックすると（③）Hyper Canvas が表示されます。

　Hyper Canvas は16チャンネルのミキサー画面を持ち、256音色＋リズム系9音色を内蔵したVSTインストゥルメントです。
　この状態でMIDIキーボードを演奏すると、Hyper Canvas のミキサーの10チャンネルのメーターが反応します（④）。

 このミキサーで音量や音色などを変更することもできます。

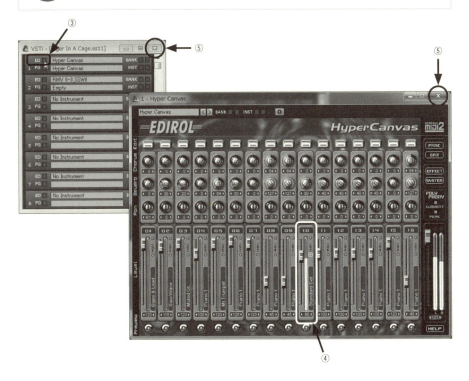

(3) VSTインストゥルメント、VSTiウインドウの確認ができたら、それぞれの画面の右上にある「閉じる」ボタンをクリックして画面を閉じます（上図⑤）。

マイクやギターの接続

ここまでの操作できちんと音が鳴ったら、次はエレキギター、そしてダイナミックタイプのマイクをオーディオインターフェースに接続して、その音がABILITYシリーズ内へ取り込めるか、エフェクトはかかるか、などをチェックします。ここでは、ローランド社QUAD-CAPTUREのINPUT 1Lにエレキギターを、INPUT 2Rにマイクを接続するという例で解説していますが、他のオーディオインターフェースでも同様の操作で行えるので参考にしてください。

> **ヒント　マイクのタイプ**
> 歌を録音したり、生楽器や電気楽器の音を録音したりするのに使います。マイクには大きく分けて2種類のタイプがあります。
>
> ○ダイナミックマイク
> 　比較的太い音で録音でき、振動にも強いのが特徴。電源は不要で、オーディオインターフェースに接続するだけで使用できます。
>
> ○コンデンサーマイク
> 　繊細な音で録音できますが、振動に弱く「ファンタム電源」が必要です。音楽制作用のオーディオインターフェースには、通常このファンタム電源の装置がついています。
>
> 　ここではダイナミックマイクを使用します。

■オーディオインターフェースの準備（ギター）

（手順）

(1) オーディオインターフェースとパワースピーカー、パワーアンプなどの再生装置のボリュームを「0」の状態にしておきます。
(2) INPUT 1LにあるSENS（センス、入力感度）を調整するツマミを「0」（左いっぱい）にします。

「0」（左いっぱい）にする

オーディオインターフェースによっては、ABILITY シリーズ内の音と入力する音とのバランスをとるためのツマミがついているものがあります。これから ABILITY シリーズに録音される音だけを聞くので、ツマミを「PLAYBACK」側に回しておきます。

「PLAYBACK」側いっぱいに回す

■エレキギターを接続して音を鳴らす

(手順)

(1) オーディオインターフェースの Hi-Z（ハイインピーダンス）機能をオンにします（①）。

> **ヒント ハイインピーダンスとは●**
> 「インピーダンス」は抵抗値のことで、楽器の中でもエレキギターやエレキベースの出力は抵抗値が高い（ハイ）ので通常の入力では対応できません。そのため抵抗値の高い入力に適したハイインピーダンスに切り替えて入力します。

 QUAD-CAPTUREのハイインピーダンスはインプット1Lにのみ有効です。

(2) ギターをギター用のケーブルを介して INPUT 1L に接続します（②）。
(3) 任意のトラックをクリックして選択した状態で右クリックし、メニューから「トラックの追加」>「AUDIO（オーディオ）」をクリックします（③）。

(4)「AUDIOトラックの追加」が開くので、「追加するトラック数」、「ミキサーナンバー」（ABILITY Proでは「4」、ABILITYでは「1」）、「ミキサーの設定をコピーする」はそれぞれ初期設定のまま何も変更せずに「追加」をクリックします（④）。

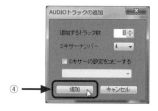

④

選択していたトラックのすぐ下にオーディオトラックが作成されます（⑤）。

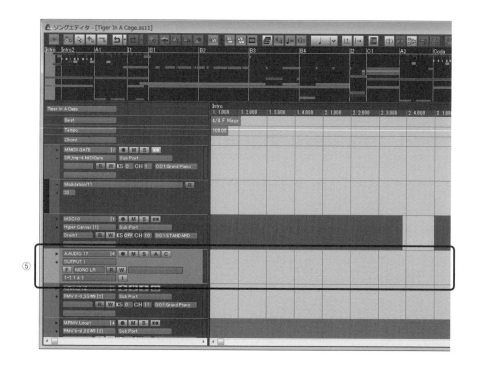

⑤

> **ヒント　オーディオトラックとは●**
>
> 声、ギターなどの音声信号を録音するトラックです。ABILITYシリーズでは、デフォルトでトラック名の先頭にAUDIOの頭文字であるAが「A: ○○〜」のように表示されます。

(5)「録音チャンネル」をクリックして(⑥)、メニューから「MONO L」を選択します(⑦)。

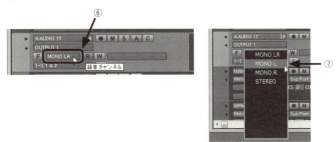

ヒント　この「MONO LR」とは、ここで使用しているオーディオインターフェース QUAD-CAPTURE の「INPUT 1L」と「INPUT 2R」の両方を、このトラックに入力できるようにするための設定です。

(6)「i (インスペクタ)」ボタンをクリックします(⑧)。

オーディオミキサーインスペクタが開きます。

ABILITY Pro のオーディオミキサーインスペクタ

ABILITY のオーディオミキサーインスペクタ

(7)「録音モード」ボタンをクリックして点灯させます（⑨）。
(8)「Rec M（モニター）」ボタンをクリックして点灯させます（⑩）。
(9)この状態で、ギター本体のボリュームを適度に上げた状態で弾きながら、QUAD-CAPTUREのINPUT 1Lのセンスツマミを上げて（右に回して）いくと（⑪）、オーディオミキサーインスペクタの中央にあるレベルメーター（⑫）とトラックのレベルメーター（⑬）が上がります。

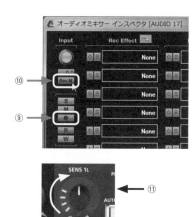

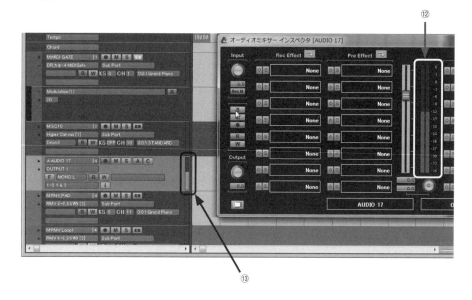

(10)オーディオインターフェース➡再生装置の順番でボリュームを少しずつ上げてきます。ギターの音が再生装置から聞こえてきます。

これで、ギターを接続すれば音が鳴ることが確認できました。ギターの録音についてはChapter 5のPart 2をご覧ください。

Part2 実践編

このままの状態にしておくと、ギターの音が鳴りっぱなしになってしまうので、「Rec M」と「録音モード」のボタンをクリックして消灯させておき、さらにギターを接続したINPUT 1LのSENSE 1Lのツマミは「0」にしておきましょう。

オーディオミキサーインスペクタは次のマイクの接続でも引き続き使用するので、開いたままで大丈夫です。

■マイクを接続して音を鳴らす

マイクもギターと同じトラックで音が鳴るかどうかを確認してみましょう。

「オーディオインターフェースの準備（ギター）」の（1）～（2）［26ページ］を参考に、各機器のボリューム、オーディオインターフェースのINPUT 2RのSENSを「0」にしておきます。

(手順)
(1) マイクを、マイクケーブルを介してINPUT 2Rに接続します（①）。

ヒント　ここではダイナミックマイクを使用しているので必要ありませんが、コンデンサーマイクを使う場合には、接続したあとにファンタム電源をオンにします（②）。
ただしファンタム電源をオンにするときは切り替えのノイズが発生することがあるので、各機器のボリュームは必ず「0」にしておきます。

(2)「録音チャンネル」をクリックして「MONO R」にし（③）、「録音モード」（④）と「Rec M」（⑤）をクリックして有効にします

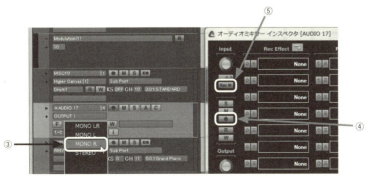

(3) この状態で、マイクに向かって歌ったりしゃべったりしながら、QUAD-CAPTUREのINPUT 2Rのセンスツマミを上げて(右に回して)いくと(⑥)、オーディオミキサーインスペクタの中央にあるレベルメーター(⑦)とトラックのレベルメーター(⑧)が上がります。

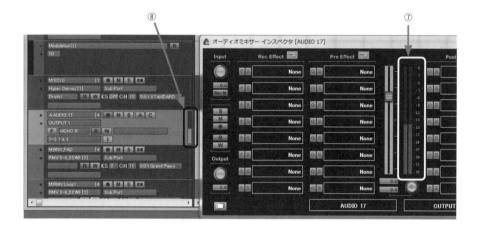

(4) オーディオインターフェース➡再生装置の順番でボリュームを少しずつ上げてきます。

これで歌やしゃべり声が再生装置から聞こえてくるはずです。

これで、すべての音が鳴ることが確認できました。
次のPart 3では、オーディオミキサーインスペクタを使ったトラックの調整法を解説します。マイクを接続し、音が鳴る状態にしたままPart 3へお進みください。

Part3
音量、パン、エフェクト編

Part 2のマイクを設定したまま、オーディオトラックのオーディオミキサーインスペクタでさまざまな調整を行います。

■音量を調整する

中央にあるトラックボリュームのツマミ（フェーダー）を上下にドラッグすることで音量を調整します。上にドラッグすると音が大きく、下にドラッグすると音が小さくなります。

このトラックボリュームは録音する音量レベルを調整するのではなく、モニター音の音量レベルを調整します。

■音の左右の位置を調整する（パンポット、略してパン）

トラックボリューム下のパンポットのツマミを左右にドラッグして動かすことで、左右のスピーカーの音の位置を調整します。左はL（Left、レフト）、右はR（Right、ライト）で、LやRの右側の数字はその割合を表しています。正確に中央の位置になったときだけC（Center、センター）という文字が表示されます。左右にドラッグしながらマイクに向かってしゃべると、音が左右に移動するのがわかるはずです。

確認したら通常はCの位置にしておきましょう。

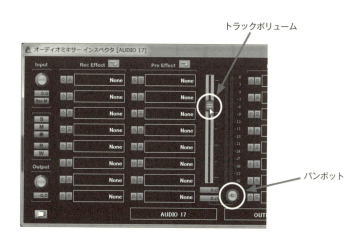

● Chapter 1　ABILITYシリーズの音を鳴らす

> ヒント　トラックボリューム、パンポットとも、直接数値を入力することでも調整が行えます。トラックボリュームは「∞（0）～6.0」、パンポットは中央を表すC（Center）は「0」、「-100」でL側いっぱいになり、「+100」でR側いっぱいになります。

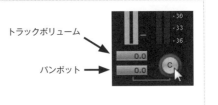

エフェクトをかける

ABILITYシリーズにはたくさんのエフェクトが装備されています（ABILITY Proは39、ABILITYは29）。ここではマイクに向かってしゃべると、その声がやまびこのように返ってくる「Delay（ディレイ）」というエフェクトを試してみます。

(手順)

(1) Pre Effectの一番上のスロットの「None」と表示された部分をクリックします（①）。

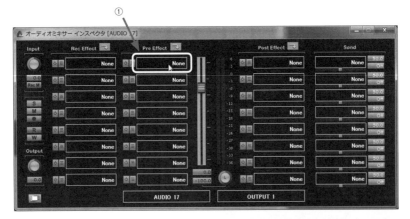

(2) メニューが開くので「Delay」にある「+」マークをクリックします（②）。

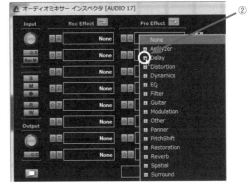

(3)「Delay」の下にある「Delay」をクリックします(③)。

Delay が開きます。

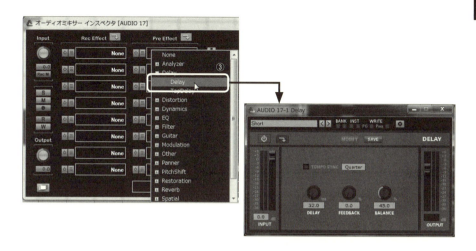

(4) プリセット欄をクリックして(④)、メニューから「Karaoke」をクリックします(⑤)。

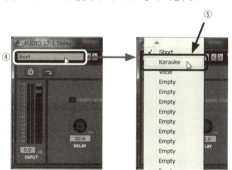

この状態でマイクに向かってしゃべると、ディレイエフェクトがかかった声が聞こえます。

ABILITY Pro と ABILITY ではオーディオミキサーインスペクタの構成が異なります。詳しくは 36 ページ「ABILITY Pro と ABILITY のオーディオミキサーインスペクタの違い」をご覧ください。

その他のエフェクトも同じ要領でかけることができます。このようにエフェクトを選択して呼び出すことを「エフェクトをアサインする」と言います。

デモソングの終了

　ここではデモソングを例に実際に音を出して設定が合っているかなどを確認し、再生や停止の操作、トラックの設定、さらに音量、パン、エフェクト設定も行いました。ここでデモソングを閉じます。

ソングを閉じる

　「ファイル」＞「閉じる」をクリックします（①）。

　デモソングはここまでの操作で変更が加えられてしまっているため、保存するかどうかたずねられます。「はい」をクリックすると付属（オリジナル）の状態を書き換えてしまうので「いいえ」をクリックします（②）。

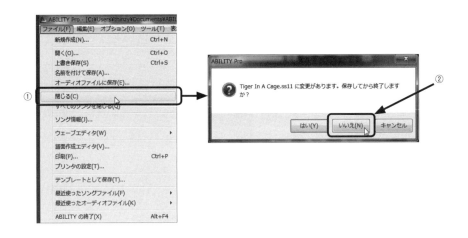

ABILITY Pro と ABILITY の オーディオミキサーインスペクタの違い

　ABILITY シリーズのオーディオミキサーインスペクタの Effect 欄には「Rec Effect」（Proのみ）、「Pre Effect」、「Post Effect」（Proのみ）、「Send（Effect）」といったエフェクトに関する項目が用意されています。それぞれの用途を解説します。

Part3 音量、パン、エフェクト編

■Rec Effect（Pro のみ）

アサインしたエフェクトの効果がかかった状態でトラックに録音できます。一般的に「かけ録り」と言います。

エフェクトがかかった状態で録音されるので、かかってしまったエフェクトを調整することはできませんが、一般的なレコーディングではエフェクトで音をしっかりと作った状態で録音するため、特にギター録音ではこの方式がとられます。

■Pre Effect

トラックボリュームの前（Pre）でエフェクトをアサインします。ボリュームの大小に関係なくエフェクトがかかります。ここでかけたエフェクト音はトラックに録音されないので、あとからでもエフェクトを調整することができます。

■Post Effect（Pro のみ）

トラックボリュームのあと（Post）でエフェクトをアサインします。トラックボリュームの大小でエフェクトのかかり方が変わります。ここでかけたエフェクト音もトラックに録音されないので、あとからでもエフェクトを調整することができます。

■Send（Effect）

カッコをつけて（Effect）としたのは、ここにエフェクトをアサインするわけではなく、Chapter 8 　Part 3 の「センドエフェクト」で解説しているエフェクト用トラックであるFXトラックにアサインしたエフェクトへ信号を送ってエフェクトをかける際の信号を送る量を設定するからです。このFXトラックには、リバーブをアサインするのが一般的です。

Chapter 2

ABILITYシリーズの機能ですばやく曲を作る

● Chapter 2 ABILITY シリーズの機能ですばやく曲を作る

Part1

基礎編

　ABILITYシリーズに装備されているさまざまな機能を使ってすばやく曲を作る練習を行います。このPart 1では「メディアブラウザ」にある「アレンジ」という伴奏パターンのプリセットを読み込み、曲の母体を作ります。

メディアブラウザを使った伴奏作り

　ABILITYシリーズの「アレンジ」にはさまざまなジャンルのデータ（アレンジパターン）が用意されており、お手本的なコード進行、各トラックのジャンルに特化した楽器の選択、そして演奏データが満載されているので、作曲やコード進行、そしてMIDIデータ入力の知識がなくても、あっという間に曲の母体を作ることができます。

■新規作成

（手順）

(1)「ファイル」＞「新規作成」をクリックします（①）。
(2)「テンプレートから選択」にチェックが入っている状態で（②）、「MIDI(HyperCanvas) 32トラック」をクリックして選択し（③）、「OK」をクリックします（④）。

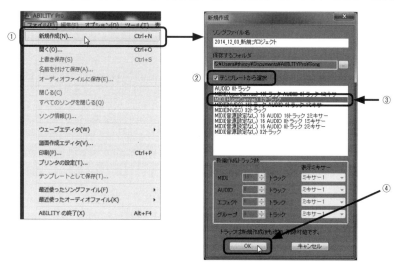

> **ヒント** 「MIDI（HyperCanvas）32 トラック」の意味は、「HyperCanvas」という VST インストゥルメントがあらかじめ起動した状態で MIDI トラックが 32 個作成されているという意味です。「アレンジ」を利用する際には、MIDI トラックで伴奏を鳴らすために VST インストゥルメントなどの音源を起動させておく必要があります。

ソングエディタが開きます。

> **ヒント** Chapter1 Part2「プレイパネルの表示とレイアウトの保存」（19 ページ）で設定した通り、「ウインドウ」＞「レイアウトの変更」＞「Play」を選択、または「ウインドウ」＞「ウインドウの起動」＞「プレイパネル」をクリックしてプレイパネルを表示しておきましょう。

● Chapter 2　ABILITYシリーズの機能ですばやく曲を作る

■ メディアブラウザを開く

(手順)

(1)「ウインドウ」>「ウインドウの起動」>「メディアブラウザ」をクリックします（①）。

(2) メディアブラウザが開きます。「アレンジ」タブをクリックします（②）。

42

■アレンジデータを試聴する

ここでは「8ビート」フォルダからアレンジパターンを選択し、試聴します。

(手順)

(1)「8ビート」フォルダの「+」マークをクリックして(①)アレンジデータを表示します。すでに「8ビート」フォルダが開いている場合にはそのまま次の手順に進みます。

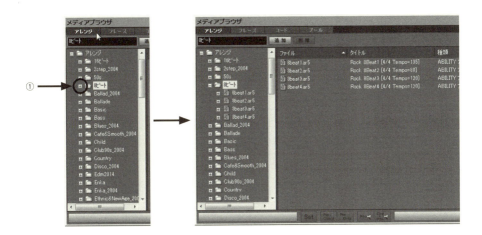

(2)「8beat1.ar5」をクリックすると(②)右画面に楽譜が表示されます。
(3)「Ptn(アレンジパターンを試聴)」ボタンをクリックします(③)。8beat1.ar5のアレンジパターンが再生されます。

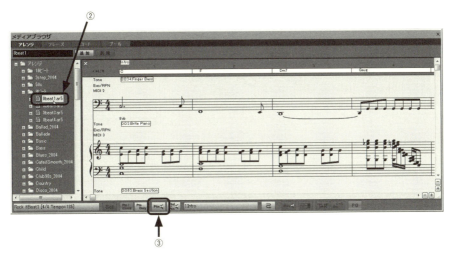

試聴してみると画面上部には進行にしたがって「Intro（イントロ）」や「Ending（エンディング）」、そして「VariA（バリエーションA、「Aメロ」という意味）」などのセクション名が表示され、伴奏が変化していくのがわかります。

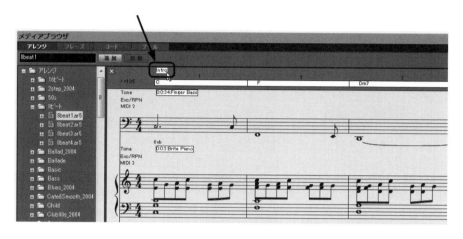

セクションの確認ができたら、もう一度「Ptn（アレンジパターンを試聴）」ボタンをクリックして再生を止めます。

> ヒント　再生を止めると、自動で楽譜の先頭に戻ります。

> ヒント　ソングに手動で入力したコード進行を元にアレンジパターンを「試聴」するには、「Chd + Ptn（ソングのコードで演奏）」ボタンをクリックします。
>
>

■VariA をソングに貼り付ける

(手順)

(1) メディアブラウザ下、現在「Intro」と表示されている「マーカー位置へジャンプ」をクリックします（①）。

(2) メニューが開きます。ここでは「VariA」をクリックします（②）。

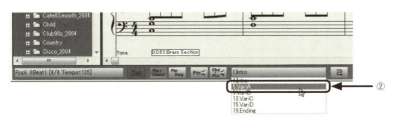

(3) セクションが移動し、VariA の楽譜が表示され、画面上部には「VariA」が表示されます（③）。

VariA 全体が表示されていない場合、メディアブラウザ右下の「-」ボタンをクリックして（④）横方向に縮小し、VariA がすべて表示されるように調整します。

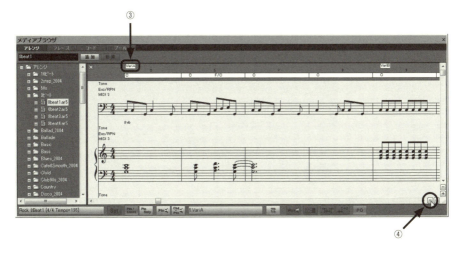

(4) 画面上部の「VariA」という文字をクリックすると（⑤）楽譜が VariA の範囲のみ選択され、カーソルが手のひらの形になります。

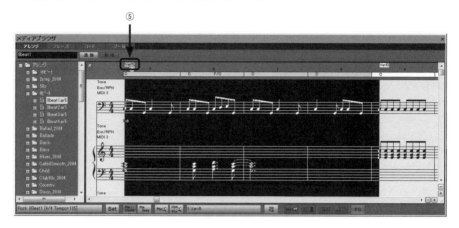

(5) 貼り付ける位置を指定します。ここでは曲の先頭に貼り付けたいので、プレイパネルの「曲の先頭に戻る」をクリックします（⑥）。ソングエディタで曲の進行を示すカーソル（青と赤の縦の線）が先頭に戻ります。

(6) メディアブラウザの「Set（ソングに貼り付け）」ボタンをクリックします（⑦）。

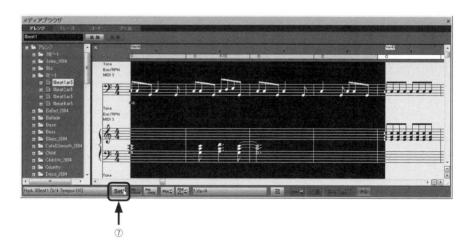

アレンジパターンがデータとしてソングに貼り付けられます。最上段の1トラック目はメロディを入力するために空白のままになっています。また、Chordトラックには、アレンジパターンで設定されていたコード進行が表示されます。

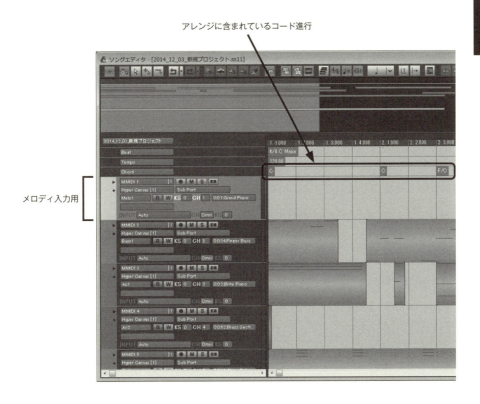

　トラックにあるデータのかたまりを「リージョン」と言います。今後、このリージョンをマウスカーソルで選択する場合、いくつかのモードがありますが、特に断りがない場合、本書では「シチュエーション」モードで解説します。ソングエディタ左上のツールバーの「シチュエーション」アイコンをクリックしてオンにしておきましょう。

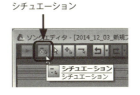

　メディアブラウザはこれからの作業の邪魔にならないよう、画面上側をドラッグして下に下げておきましょう。

● Chapter 2 ABILITYシリーズの機能ですばやく曲を作る

■ 空きトラックの削除

まず、貼り付けたアレンジパターンにはどのような楽器が用意され、それぞれどのようなデータになっているのかを確認します。

現在表示されているトラックは、2〜3個だけです。ソングエディタの「最大化」をクリックして全画面表示にします。

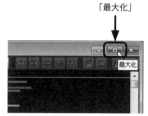

スクロールバーを下へドラッグしてみると、たくさんのトラックが用意されていることがわかります。ドラムは10トラックに表示されています。

ここで、必要ない空っぽのトラックを削除して、全体を見渡しやすくなるように整理します。

(手順)

(1)「M:MIDI6（6トラック）」〜「M:MIDI9（9トラック）」にはデータがないので削除します。6トラックの何もないところをクリックして選択します（①）。
(2) Shift キーを押しながら9トラックをクリックすると（②）、6〜9トラックが選択されます。

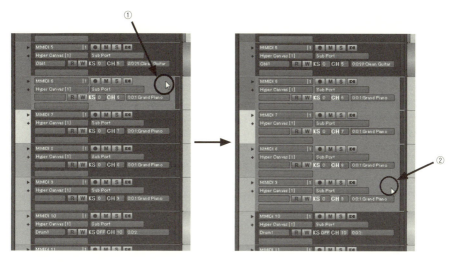

(3) そのまま右クリックしてメニューから「トラックの削除」をクリックします（③）。

(4) 選択していたトラックが削除されます。

　データの入ったトラックがすべて表示されるように、スクロールバーを上にドラッグして調整しておきます。

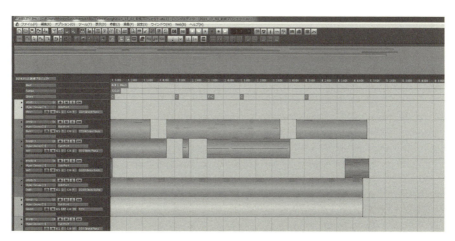

● Chapter 2　ABILITYシリーズの機能ですばやく曲を作る

■ 1小節のフレーズをメロディとして貼る

　アレンジパターンにはメロディが用意されていません。そこで、メディアブラウザの「フレーズ」タブからメロディを借りてきて、ちょっと曲らしく整えてみましょう。

(手順)

(1) メディアブラウザの画面の上側をドラッグして中央に戻し、「フレーズ」タブをクリックします（①）。
(2) 「楽器」の「全て」をクリックしてメニューから「シンセサイザー」をクリックします（②）。

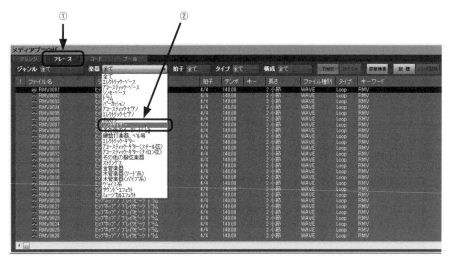

(3) ファイルの中から「SY_TRC1_01」を1トラックにドラッグ＆ドロップします（③）。

(4)「MIDI フレーズ入力のオプション」が表示されます。「MIDI イベントとして入力」
にチェックを入れて（④）「OK」をクリックします（⑤）。

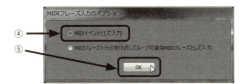

 「MIDI フレーズトラックを作成して〜」では、フレーズを連続させる場合に使います。
たとえば、ドラムのように同じフレーズを繰り返し演奏する場合などに使います。

フレーズが貼り付けられます（⑥）。

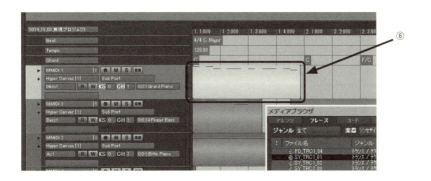

● Chapter 2　ABILITY シリーズの機能ですばやく曲を作る

■ フレーズのコピー&ペースト

　貼り付けたフレーズは 1 小節です。曲らしくするために繰り返してみましょう。ここでは先ほど貼り付けたフレーズを 3 小節目にコピー&ペースト（コピペ）します。

(手順)

(1) コピペする位置をぴったり 2 小節目の先頭にするため、「グリッドにスナップ」をオンにします（①）。

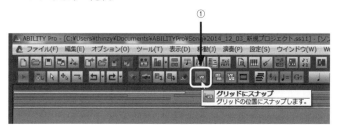

(2) 「シチュエーションモード」になっているので、貼り付けたいイベントの上側にカーソルを置くと🖐のカーソルになります（②）。ここでクリックして選択し、右クリックして表示されるメニューから「コピー」をクリックします（③）。

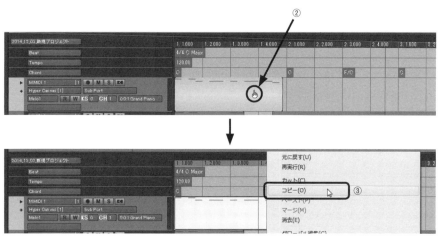

> ヒント　「シチュエーションモード」では、リージョンの上側にカーソルを近づけると🖐になり、リージョン全体を選択することができます。一方、リージョンの下側にカーソルを近づけて十字のカーソルになるとイベント（リージョンの一部）を選択できます。このようにシチュエーションモードでは、カーソルを持ち替えなくても上下の移動だけで選択する対象を変えることができます。

(3) ペーストする先を指定します。ソングエディタの小節数「3」の部分をダブルクリックすると（④）、赤いペーストラインが表示されます（⑤）。

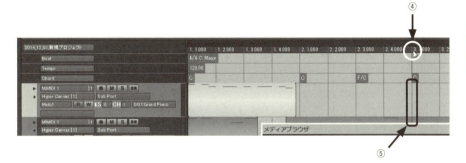

(4) トラック上で右クリックし、メニューから「ペースト」をクリックします（⑥）。

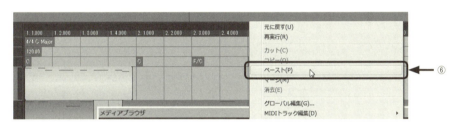

メロディのリージョンがペーストされました（⑦）。

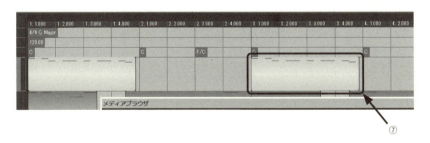

これで再生してみると、伴奏とメロディがあるきちんとした曲のように聞こえるはずです。

 Ctrl キーを押しながらリージョンをドラッグしてもコピー＆ペーストが行えます。

● Chapter 2 ABILITY シリーズの機能ですばやく曲を作る

■ フレーズについて

　ここでメロディの代わりとして使用した「フレーズ」は、ファイル名の先頭にあるアイコンによって分類されています。

　紫色の　は、「ファイル種別」を見ると「WAVE」となっており、オーディオファイルです。黄緑色の　は、「ファイル種別」を見ると「MIDI」となっており、MIDI ファイルです。

　　オーディオフレーズの特徴

　実際の演奏が収録されているリアルで生々しいサウンドで、テンポやキーを変えられます。しかし音色自体を変更することはできません。

　　MIDI フレーズの特徴

　音色やテンポ、キーを自在に変えることができますが、ノリや迫力ではオーディオフレーズにかないません。

Part2
応用編

Part2では、Part1で作成した伴奏のテンポやキーを変更して曲の雰囲気を変えます。またABILITYシリーズのユニークな機能である「メロディ生成」で自動的にメロディを作り、ソングとして保存します。

ソングに変更を加える

■テンポを変更する

現在ソングのテンポは初期設定の「120」になっていますが、ソングの「Tempo」トラックにある数字を変更してテンポを変更することができます。ここでは少しテンポを速めてみましょう

(手順)

(1) Tempoの「120」をダブルクリックして反転させます。

ダブルクリック

(2)「130」と入力して Enter キーを押して確定します。

 プレイパネルにあるテンポ欄でもテンポを変更できますが、保存されません。テンポトラックで変更したテンポは保存することができます。

● Chapter 2　ABILITY シリーズの機能ですばやく曲を作る

■キーを変更する（移調）

　現在ソングのキーはCメジャーになっていますが、ソング全体のキーを変更できます。

(手順)

(1)「編集」＞「MIDI トラック編集」＞「移調」をクリックします（①）。

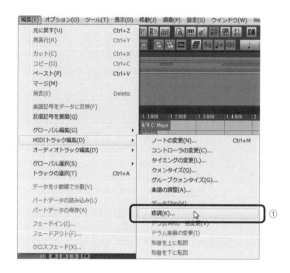

　「移調」が開きます。ここでは曲の先頭からCからDへ全音（半音2つ分）上に移調してみます。

(2)「開始小節」は曲の先頭から移調するので「1」（②）、曲全体を移調するので「終了小節」にはチェックを入れません。
　　「移調後の調」と「移調の方向」は連動しており、「移調後の調」を「D」にすると（③）自動的に「移調の方向」が「上へ」なら「2」、「下へ」なら「10」という数字が「半音移調します」の欄に表示されます。ここでは「上へ」にチェックを入れます（④）すると自動的に「2 半音移調します」となります。

(3)「実行」をクリックします（⑤）。

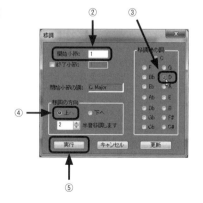

キーが変更され、コードトラックのコードの名前も変更されています。

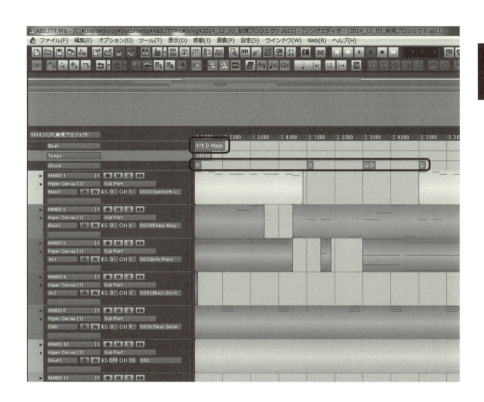

キーを変更する理由はいくつかありますが、一番多いのが「ボーカルのキーに合わせるため」です。

ここでは特に歌は録音しないので、このあとの作業のためにキーをCに戻しておきましょう。方法は「編集」>「元に戻す」をクリックするか、ショートカットである Ctrl +「Z」キーを押します。

メロディを自動的に作る

「メロディを作る」と簡単に言うものの、実際はそう簡単にできるものではありません。そこで利用したいのがABILITYシリーズの「メロディ生成機能」です。

本来、このメロディ生成機能で、しっかりとした曲のメロディを作るには、参考にする曲ファイルのMIDIデータを参照ファイルとして保存しておくなどの手順が必要ですが、ここでは「その曲のキーからはずれない範囲」でのメロディ生成を試してみましょう。ここでは伴奏に合わせて4小節のメロディを作成します。

■仮のメロディを削除する

これから生成するメロディを入力するので、「フレーズ」から持ってきたメロディを削除します。

(手順)

(1) 右側のリージョンの右端にカーソルを近づけて「+」になったときに左側へドラッグして2つのリージョンを選択します。

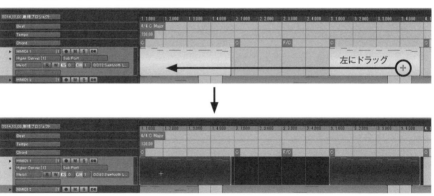

(2) パソコンキーボードの Delete キーを押して削除します。

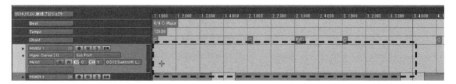

■メロディの生成を開く

メロディの生成は、スコアエディタで行います。スコアエディタとは譜面でデータを入力するためのウインドウです。

(手順)

(1)「ウインドウ」>「ウインドウの起動」>「スコアエディタ」をクリックします（①）。

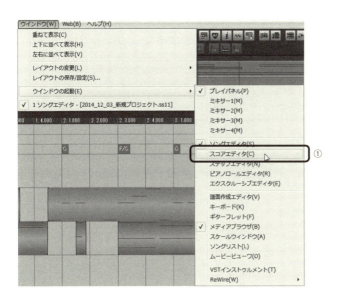

スコアエディタが開きます。

スコアエディタ

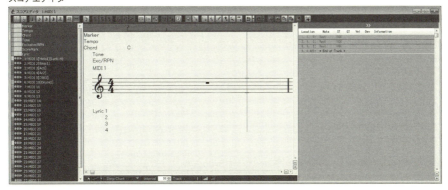

(2) 他のトラックの譜面が表示されている場合には、トラックビュー（②）で必要のないトラックをクリックして選択を解除し、「1:MIDI [Melo]」の譜面だけが表示されるようにします。

また、これから表示するアレンジモード全体を表示できるよう、境界線を右へドラッグして（③）広げておきます。

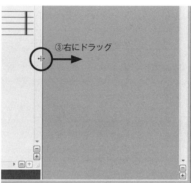

(3)「アレンジモード」を何度かクリックして（④）、アレンジモード画面を開きます。
(4)「メロディ生成」をクリックします（⑤）。

「メロディ生成」が開きます。

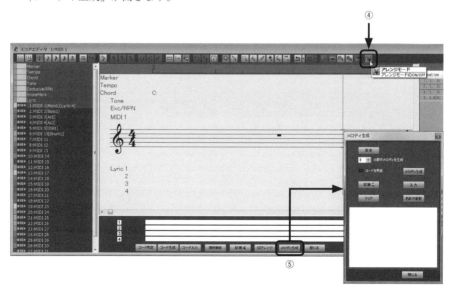

■メロディ生成の実行と曲への入力

(手順)

(1) 生成したいメロディの長さに合わせて小節数を指定します。ここでは「▼」をクリックして「4」にします（①）。
(2) 「メロディ生成」をクリックします（②）。

下の空白の欄に「MELO0000」というファイルが作成されます（③）。

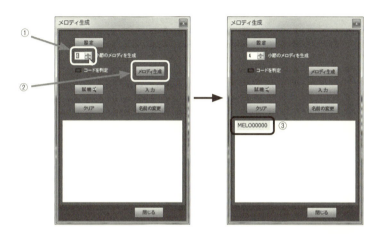

(3) ファイルを選択して「試聴」をクリックすると（④）、どのようなメロディが生成されたか試聴できます。

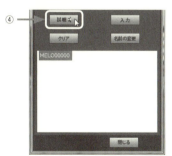

(4) 生成されたメロディを曲に入力します。プレイパネルの「曲の先頭に戻る」をクリックするか（⑤） Home キーを押します。

(5) 生成したファイル「MELO00000」をクリックして選択した状態のまま、「入力」をクリックします（⑥）。メロディがスコアに入力されます。

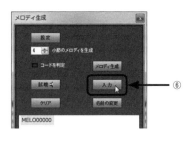

メロディ全体を表示するには右下の「−」をクリックします（⑦）。

プレイパネルで再生して聞いてみましょう。

気に入らない場合は「元に戻す」を実行して入力したメロディを削除し、再びメロディ生成を実行して「入力」を行い試します。

 生成のたびに、あらたなメロディが作り直されます。

また、大体は良いのだがちょっと変えてみたい、というような場合は、譜面上で音符を直接ドラッグして修正することができます。

ソングの保存

メロディがついて曲らしくなりました。ここでは、デフォルトのソングの保存先である「Song」フォルダにソングファイルとして保存します。

 保存先は任意です。デスクトップなどに保存しても大丈夫です。

■名前を付けて保存

新規に保存する際には「名前を付けて保存」を実行します。

(手順)

(1)「ファイル」>「名前を付けて保存」をクリックします。「ソングファイルの新規保存」が開きます。
(2)「保存する場所」が保存先になっているのを確認し、「ファイル名」任意の名前を入力します。ここでは「Song1」として「保存」をクリックします。

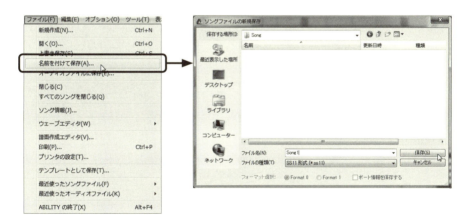

一度「名前を付けて保存」を実行したあと、次に上書き保存する際は「ファイル」>「上書き保存」をクリックするか、ショートカットの **Ctrl** + **S** キーを押します。

 次回、Song1を開く際には「ファイル」>「最近使ったソングファイル」のメニューから選択するとスピーディーに開くことができます。

Part3
VOCALOID(ボーカロイド)同期編

 ABILITY シリーズと VOCALOID シリーズを ReWire(リワイヤー)機能で同期させ、伴奏は ABILITY シリーズで、歌を VOCALOID に歌わせ楽曲を制作することができます。ここでは VOCALOID のバージョン 2 と 3、そして 4 での ReWire の設定方法をそれぞれ解説します。

■ABILITY シリーズ側の設定

(手順)

(1) ABILITY シリーズを起動している状態から開始します。ここでは Part 2 で作成/保存した Song1 を伴奏ファイルに使用するので、開いておきます。

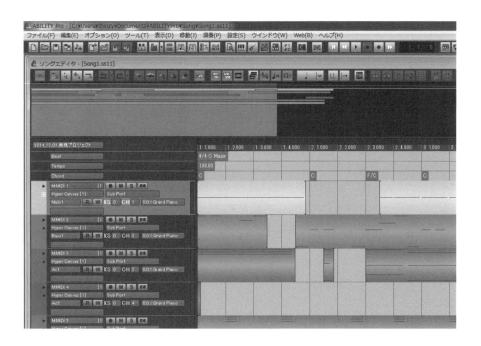

 起動するときは ABILITY シリーズを先に起動し、終了するときは VOCALOID シリーズを先に終了します。

(2)「設定」＞「録音 / 演奏の設定」＞「演奏オプション」をクリックします（①）。
「録音 / 演奏の設定」の「演奏オプション」が開きます。
(3)「ReWire 機能を使用する」にチェックが入っていることを確認します（②）。

 通常デフォルトではチェックが入っています。その場合は、何もせずに次の手順に進みます。

チェックが入っていなかった場合にはクリックしてチェックを入れますが、その場合 ReWire 機能は ABILITY シリーズの再起動後に有効になります。ここでチェックをつけた場合は、ソフトを再度、起動しなおしてから作業を進めてください。

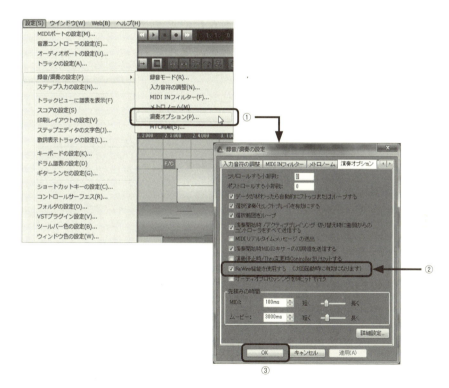

(4)「OK」をクリックします（上図③）。

ABILITY シリーズ側の設定ができたら、VOCALOID 2 の場合は 66 ページ「VOCALOID 2 の場合」へ、VOCALOID 3 または 4 の場合は 68 ページ「VOCALOID 3 の場合」へ進んでください。

VOCALOID2 の場合

VOCALOID2 側の設定

手順

(1) 64 ページ「ABILITY シリーズ側の設定」を行ってから、VOCALOID 2 を起動します。
(2)「設定」>「プリファレンス」をクリックします(①)。

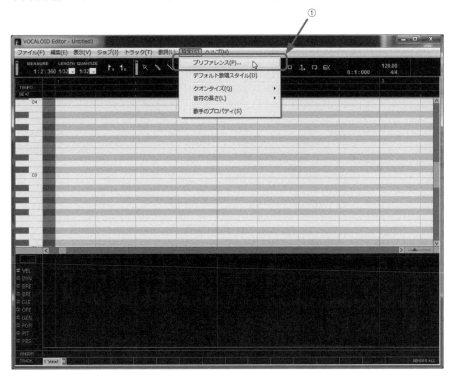

(3)「オーディオの設定」タブで(②)「出力」を「ReWire-マスター」を選択します(③)。
(4)「その他の設定」タブで(④)「デフォルトプリメジャー」を「1」に設定します(⑤)。

> ヒント　デフォルトプリメジャーとは、VOCALOID2 が再生を開始してから実際に歌い始めるまでの準備に必要な小節数のことです。ソフトの仕組みで「0」にすることはできません。ここでは ABILITY シリーズとの小節の差をできるだけ小さくするため最小値に設定していますが、パソコンの性能によって、あるいは極端にテンポの速い曲などで再生のタイミングが間に合わない場合などは、デフォルトプリメジャーの小節数を増やす必要があります。

(5)「OK」をクリックします(⑥)。

Part3 VOCALOID（ボーカロイド）同期編

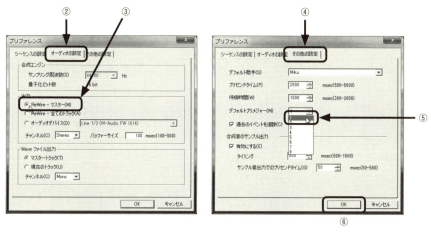

ABILITYシリーズ側の設定

(手順)

(1) ABILITYシリーズの「ReWire」ボタンをクリックします（①）。

(2) メニューから「Vocaloid2」をクリックします（②）。

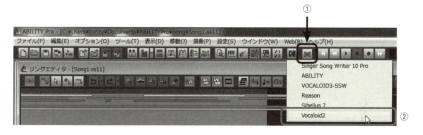

(3) ReWire画面が開きます。一番上の「Vocaloid2 MTr-L」の左にある電源ボタンをクリックして有効にします（③）。

ヒント　L側を有効にすると自動的にR側も有効になります。

これで、ABILITYシリーズとVOCALOID2がReWireで接続されました。同期の方法については、このあとの70ページをご覧ください。

● Chapter 2　ABILITY シリーズの機能ですばやく曲を作る

■VOCALOID3の場合

※VOCALOID4では、若干メニューの位置が異なりますが、同じ手順で設定が行えます。

VOCALOID3側の設定

(手順)

(1) 64ページの「ABILITY シリーズ側の設定」を行ってから VOCALOID3 を起動します。
(2)「表示」>「ミキサー」をクリックします（①）。
　　ミキサーが開きます。

(3) ミキサーの「Master」上部にある「vst 1」の下にある「▷」をクリックします（②）。
(4) メニューから「VOCALOID3-SSW」をクリックします（③）。
　　「Master」が開きます。

Part3 VOCALOID（ボーカロイド）同期編

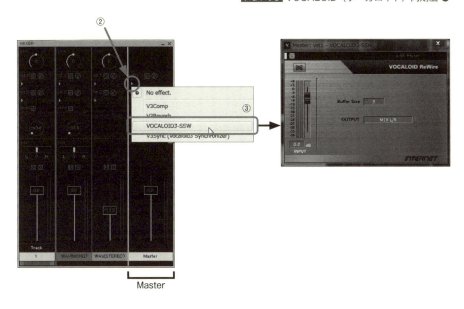

Master

これでVOCALOID3側の設定はOKです。

ABILITYシリーズ側の設定

(手順)

(1) ABILITYシリーズのReWireボタンをクリックします（①）。
(2) メニューから「VOCALOID3-SSW」をクリックします（②）。
(3) ReWire画面が開きます。「Mix-L」に左にある電源ボタンをクリックして有効にします（③）。

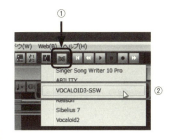

ヒント　L側を有効にすると自動的にR側も有効になります。

ReWire 同期の確認

　同期を確かめるために仮の音を入れておきましょう。VOCALOID 3 の画面ですが、2 および 4 でもほぼ同じ操作で行えるので参考にしてください。またここでは、同期の確認だけなので、音の高さや長さは特にこだわらないことにします。

■ 仮の音符データを入力する

(手順)

(1)「鉛筆ツール」をクリックします（①）。
(2) C3 の「ド」の音が鳴るように、1 小節目の先頭から 2 小節目の先頭までドラッグして音を入力します（②）。

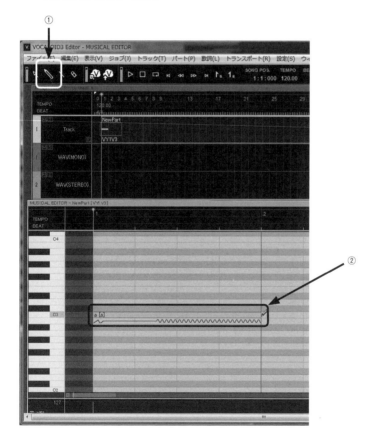

Part3 VOCALOID（ボーカロイド）同期編

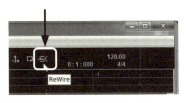

※VOCALOID2ではこのあと、「ReWire」ボタンをクリックします。VOCALOID3、4ではこの操作は必要ありません。

これでどちらかを再生するとABILITYシリーズが伴奏、VOCALOIDがボーカル、というように2つのソフトが同期して再生されます。

■ VOCALOID2のみ必要な操作「リージョンの移動」

VOCALOID2では前述の「デフォルトプリメジャー」で設定した、準備のための空白の1小節があります。このままではこの1小節分VOCALOIDの再生がずれてしまいます。そこで、あらかじめABILITYシリーズも1小節再生をずらしておけば、再生のタイミングがぴったり合います。また、デフォルトプリメジャーを「1」以外に設定している場合には、その小節数分ずらします。

(手順)

(1)「矢印カーソル」を選択します（①）。
(2) カーソルをトラックの終わりの部分に移動し「＋」のカーソルになったら（②）、すべてのトラックのリージョン、コードまでのデータをドラッグして選択します。

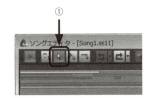

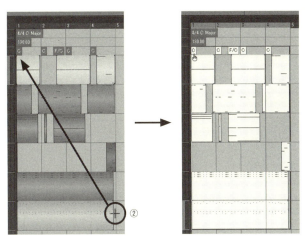

ヒント　「＋」カーソルは大小2種類ありますが、ここでは大きい方の「＋」カーソルです。

● Chapter 2　ABILITYシリーズの機能ですばやく曲を作る

(3) 任意のリージョン、ここでは1トラック目のメロディの先頭にあるリージョンにカーソルを近づけ、👆にします（③）。
(4) そのまま右へドラッグして2小節目に移動させます。

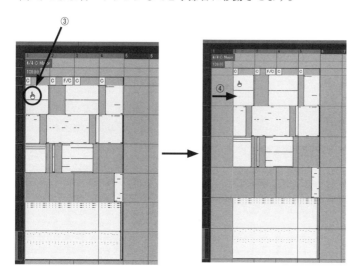

■再生して同期を確認する

　それではABILITYシリーズとVOCALOIDが同期するかを確認しましょう。メロディのトラックとVOCALOIDの声がいっしょに鳴るとわかりくいので、1トラックの「M（ミュート）」ボタンをクリックしてミュートします。

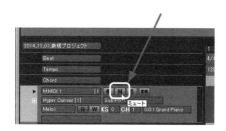

　曲を先頭に戻して再生します。ABILITYシリーズ側の再生とVOCALOIDの「ア」が同時に再生されるのを確認してください。

　もしずれている場合は、VOCALOIDのデフォルトプリメジャーの設定とABILITYシリーズの再生小節が正しいか確認してください。

Part3 VOCALOID（ボーカロイド）同期編

■保存と終了

　ABILITYシリーズとVOCALOIDはそれぞれ曲のデータを保存します。ここではVOCALOID2での保存の方法を解説しますが、VOCALOID3、4でもほぼ同じ操作になります。

(手順)

(1)「ファイル」＞「名前を付けて保存」をクリックします。
(2)「名前を付けて保存」が開きます。ここでは、デスクトップに「VOCALOID」という新しいフォルダを作成し、そこに「Miku1」と入力して「保存」をクリックします。

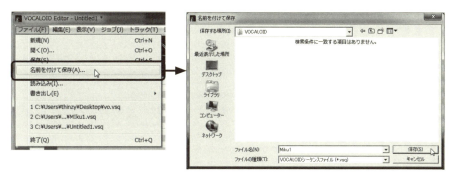

(3)「ファイル」＞「終了」をクリックするか、「閉じる」をクリックしてVOCALOIDを終了します。

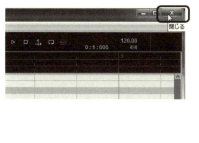

　VOCALOIDを終了させたら、ABILITYシリーズもデータを保存して終了します。ReWireで同期接続されている場合は、必ずVOCALOIDを先に終了させてください。

　「初音ミク V3」などクリプトン・フューチャー・メディア社製商品には、エディターソフト「Piapro Studio」が同梱されており、VSTプラグインとしてABILITYシリーズでも使用できます。

ヒント コード名入力ツールを活用しよう

「コード名入力ツール」を使うと、テンションを含んだ複雑なコードでもスピーディーに一括して入力できるので便利です。ここでは「Dm7♭5（デーマイナーセブン、フラットファイブ）」を例に説明します。

(手順)

(1) コードを入力したい部分（ここでは2小節目）をクリックします（①）。
(2)「ツール」＞「コード名入力」をクリックします（②）。

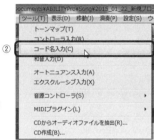

(3)「コード名入力」が開きます。
　　「ルート」は「D」をクリックします（③）。すると「ベース」は自動的に「D」が選択されます。
(4)「コードタイプ」は「m7b5」をクリックします（④）。
　　ここでは「テンション」は選択しません。
(5)「入力」をクリックすると（⑤）、選択していた2小節目に「Dm7♭5」が入力されます（⑥）。

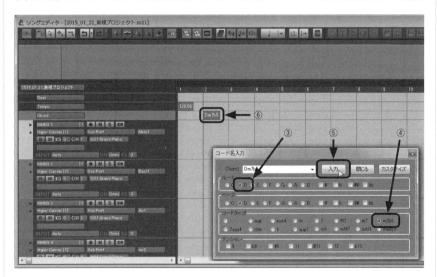

Chapter 3

MIDI トラックを中心とした楽曲作成

● Chapter 3　MIDIトラックを中心とした楽曲作成

Part1

準備編

　ここでは、ドラム、ベース、シンセサイザー、ギターというバンド形式の曲を、VSTインストゥルメントの音源を使いMIDIトラックで作成します。

> **ヒント**　VSTインストゥルメントはABILITY Proには8個、ABILITYには3個収録されており、ABILITY Proは最高64個、ABILITYは最大16まで同時に使用できます。ABILITYとABILITY Proでは付属しているVSTインストゥルメントは異なるので、それぞれのアサイン法を解説しています。

MIDIトラックの作成

　ここではテンプレートを使わずに必要なトラックを指定して新規ソングを作成し、使用するVSTインストゥルメントを起動してトラックにアサインします。

■MIDIトラックの作成

(手順)
(1)「ファイル」＞「新規作成」をクリックします(①)。
(2)「新規作成」が開くので「テンプレートから選択」のチェックをクリックしてはずします(②)。「新規作成トラック数」が有効になります。
(3)「MIDI」のトラック数を「▼」をクリックして変更するか、現在「16」となっている部分を選択して「4」と入力します(③)。
　同様の操作で「AUDIO」のトラックを「0」にします(④)。
(4)「OK」をクリックします(⑤)。

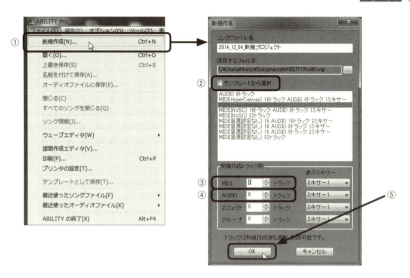

4つのMIDIトラックが作成されました。

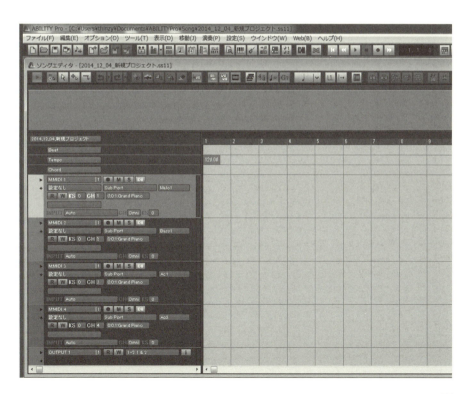

VST インストゥルメント（以下、VSTi）ウインドウで VSTi を起動する

それでは、4 つのトラックにそれぞれの VSTi を起動し、設定を行います。

 ABILITY をお使いの方へ
ABILITY では付属している VSTi が異なるので、89 ページからの「ABILITY での VSTi のトラック設定」をご覧ください。

■VSTi ウインドウを開く

（手順）

(1)「ウインドウ」＞「ウインドウの起動」＞「VST インストゥルメント」をクリックします。

VSTi ウインドウが開きます。現在、VSTi は 1 つも起動していないので、各デバイスには「No Instrument」と表示されています。

これからこの VSTi ウインドウを使って、各トラックにそれぞれ VSTi を起動し、音色を設定していきます。

■ドラムトラックの設定

MIDI 1 トラックにドラムトラックの設定を行います。

(手順)

(1) ドラムトラックで使うのは、RMV です。VSTi ウインドウの一番上にある「No Instrument」という部分をクリックします（①）。

(2)「Other」にある「＋」マークをクリックし（②）、メニューを下にスクロールして「RMV 8-8_SSW」をクリックします（③）。

 RMV のあとにある数字は出力の数です。ここでは一番出力数が少ないものを選んでいます。RMV は起動した状態でドラムの音色がすでに割り当てられているのでこのまま使います。

RMVが表示されます。

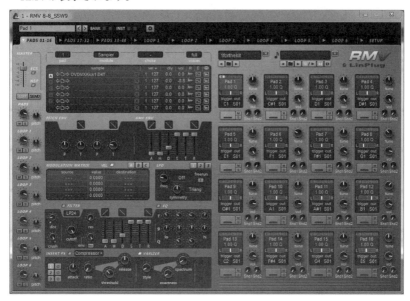

(3) VSTiウインドウやRMVをドラッグしてソングエディタのトラックが見えるようにしておきます。
(4) ソングエディタのドラムトラックで、「出力デバイス」の「設定なし」という部分をクリックします（④）。
(5) メニューから「VSTi」にある「RMV 8-8_SSW9 [1]」をクリックします（⑤）。

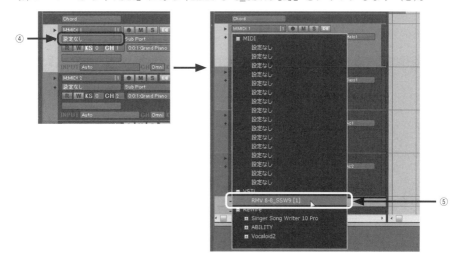

ソングエディタでトラックを選択してMIDIキーボードを弾くと、ドラムの音が鳴ります。

> **ヒント** MIDIキーボードがない場合には、「ウインドウ」＞「ウインドウの起動」＞「キーボード」をクリックしてキーボードウインドウを開きます。
>
> キーボードウインドウの鍵盤は、パソコンキーボードと連動しています。パソコンキーボードを鍵盤として使うことができるので、パソコンキーボードを弾く（押す）とキーボードウインドウの鍵盤が反応します。つまり、パソコンキーボードで音を鳴らしたり入力したりすることができます。使用する際には、パソコンキーボードの入力モードを「半角英数」にします。ドラムやベースの音を鳴らす場合、低い音を弾く必要があるため、キーボード画面にある「OCT」の「−」ボタンを一度クリックして、図のような鍵盤と文字の状態にして弾きます。
>
>
>
> ただし、キーボードウインドウが有効（入力ができる状態）になっている間、通常のパソコンの文字入力やショートカット操作ができないので注意してください。

今後MIDIキーボードを弾く、という場合には、キーボードウインドウをクリックする、あるいはパソコンのキーボードでキーボードウインドウを操作する、と読み替えてください。

● Chapter 3　MIDIトラックを中心とした楽曲作成

■ベーストラックの設定

2トラック目はベーストラックです。

(手順)

(1) VSTi ウインドウで上からの 2 番目の「No Instrument」という部分をクリックして、「Other」にある「+」マークをクリックして、「Alpha_SSW9」をクリックします（①）。

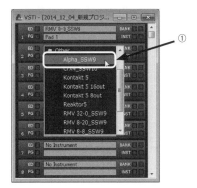

> ヒント　VSTi ウィンドウがソングエディタの裏側に隠れていることがあります。もう一度「ウインドウ」＞「ウインドウの起動」＞「VST インストゥルメント」をクリックすると手前に表示されます。

Alphaが表示されます。

(2) ベースの音を選択します。Alpha の中央下にある「Demo Preset 1」をクリックします（②）。

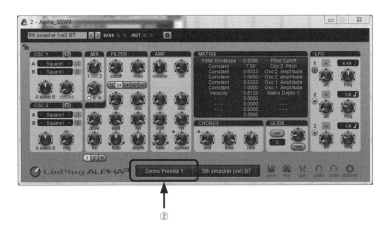

②

(3) 音色がカテゴリー分けされて表示されるので「Basses 1」をクリックします（③）。
(4) 「Basso 1」をダブルクリックします（④）。

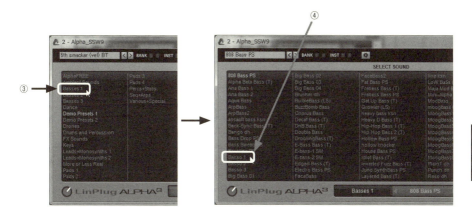

Basso 1が読み込まれます。

(5) ソングエディタのベーストラックで、「出力デバイス」の「設定なし」という部分をクリックしてメニューから「VSTi」にある「Alpha_SSW9[2]」をクリックします(⑤)。

これで、ソングエディタでトラックをクリックして選択してキーボードを弾くと、ベースの音が鳴ります。

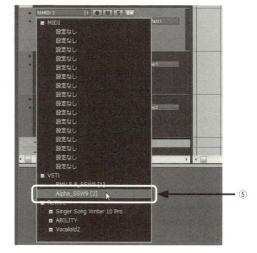

● Chapter 3　MIDI トラックを中心とした楽曲作成

■ シンセサイザートラックの設定

3トラック目はシンセサイザー（以下、シンセ）トラックです。

(手順)

(1) VSTi の 3 番目の「No Instrument」という部分をクリックして「Other」にある「＋」マークをクリックし、「CrX4_SSW10」をクリックします（①）。

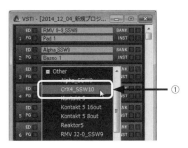

CrX4 が表示されます。

(2) CrX4ではシンセの音を選択します。CrX4の中央下にある「Demo Sound」をクリックすると（上図②）、音色がカテゴリー分けされて表示されます。
(3) ここでは「Pads」をクリックします（③）。
(4) 「AnaDigital pf」をクリックします（④）。

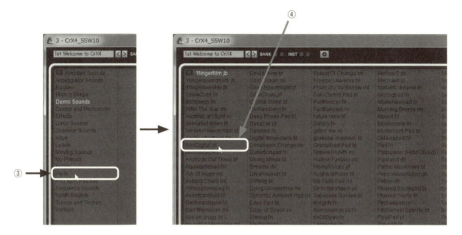

(5) ソングエディタのシンセトラックで、「出力デバイス」の「設定なし」という部分をクリックして、メニューから「VSTi」にある「CrX4_SSW10[3]」をクリックします（⑤）。

これで、ソングエディタのシンセトラックを選択してキーボードを弾くとシンセの音が鳴ります。

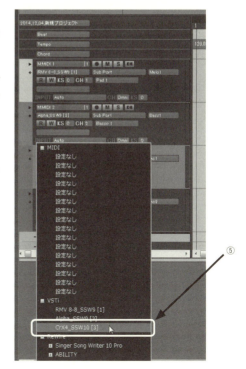

● Chapter 3　MIDIトラックを中心とした楽曲作成

■ギタートラックの設定

(手順)

(1) 4トラック目はギタートラックです。VSTiウインドウの4番目の「No Instrument」という部分をクリックして、「Other」にある「＋」マークをクリックして、「Kontakt 5 8out」をクリックします（①）。

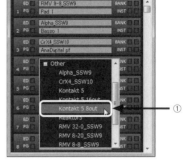

> ヒント：RMV 同様、一番出力の少ないものを選んでいます。

(2) Kontakt 5 が表示されるので、Libraries タブが選択されているか確認し（②）、選択されていなかったらクリックして選択します。
(3) Kontakt 5 ではガットギターの音を選択します。Kontakt Elements Selection R2 にある「Instruments」の部分をクリックすると（③）ライブラリフォルダが表示されます。

> **ヒント**　「ライブラリフォルダ」とは音色を音楽ジャンルや楽器の種類などで分類し収めたフォルダのことです。特定のライブラリフォルダが開いている場合には、一番上の「↑」を何度かダブルクリックして（④）、上図のようなライブラリフォルダが表示されるようにしてください。

(4)「Band」フォルダ（⑤）➡「5 - Guitar」（⑥）➡「Nylon Guitar」（⑦）の順にダブルクリックします。

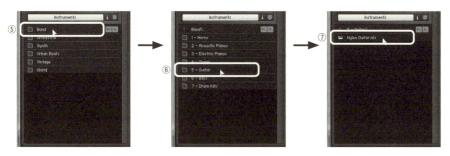

Nylon Guitarの音が読み込まれます。

(5)「MIDI Ch(ミディチャンネル)」の現在「[A] 1」となっている部分をクリックして(⑧)、メニューから「Port A [from host]」＞「4」をクリックします(⑨)。

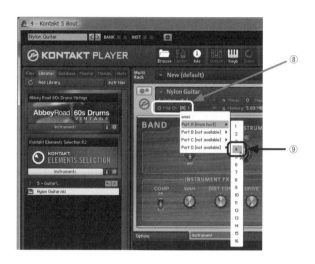

(6) ソングエディタのギタートラックで、「出力デバイス」の「設定なし」という部分をクリックして、メニューの「VSTi」から「Kontakt 5 8out [4]」をクリックします(⑩)。

ソングエディタのギタートラックを選択してキーボードを弾くとギターの音が鳴ります。

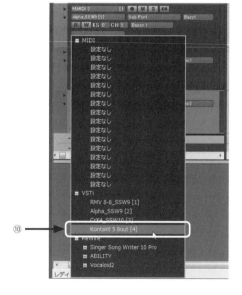

これで、4つのトラックすべてにVSTインストゥルメントを起動し、それぞれに音色を設定することができました。95ページ「トラック名の変更」に進んでください。

ABILITY での VSTi のトラック設定

76ページ「MIDIトラックの作成」を参考にMIDIトラックを4つ作成し、78ページ「VSTiウインドウを開く」を参考にVSTiウィンドウを起動しておきます。

(手順)

(1)「No Instrument」をクリックしてメニューから「Hyper Canvas」をクリックします（①）。

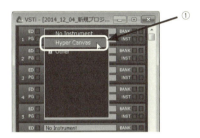

Hyper Canvas が起動します。

(2) Hyper Canvas の01チャンネルの、「Piano 1」と表示されている部分をクリックします（②）。

(3) メニューが開くので「Preset」>「Drum set」>「001 Standard Set」をクリックします（③）。

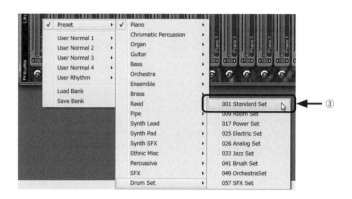

> **ヒント** Hyper Canvas はデフォルトで 10 チャンネル目に「Standard Set」というドラム音色が読み込まれていますが、ここではトラックを最小限の4つに抑えるため、10チャンネル目のドラムは使いません。

(4) 02 チャンネルの「Piano 1」と表示されている部分をクリックして、メニューから「Preset」>「Bass」>「039 000 Synth Bass 1」をクリックします（④）。

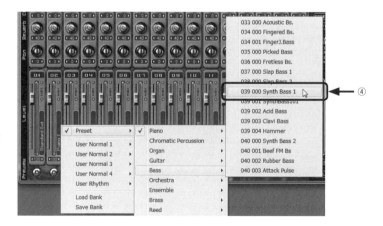

(5) 03チャンネルの「Piano 1」と表示されている部分をクリックして、メニューから「Preset」＞「Synth Pad」＞「090 000 Warm Pad」をクリックします（⑤）。

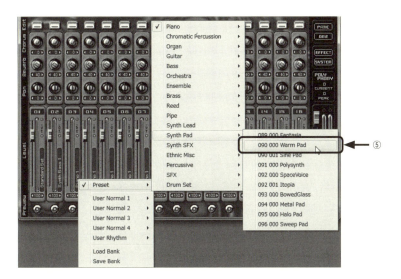

(6) 04チャンネルの「Piano 1」と表示されている部分をクリックして、メニューから「Preset」＞「Guitar」＞「025 000 Nylon Gt.」をクリックします（⑥）。

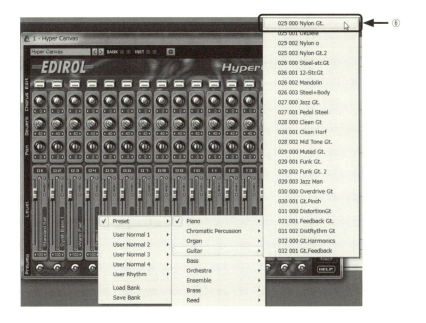

(7) ソングエディタの「MIDI 1」トラックをクリックして選択してから、Shift キーを押しながら「MIDI 4」トラックをクリックして、1〜4トラックを選択します。
(8) 1〜4トラックいずれかの「設定なし」をクリックして、メニューから「Hyper Canvas [1]」をクリックします（⑦）。

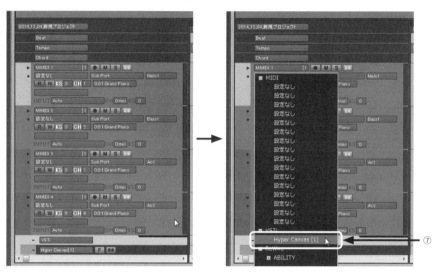

1〜4トラックすべてに「Hyper Canvas [1]」が読み込まれました。各トラックを選択し、キーボードを弾いて音色を確認してみましょう。

■ Hyper Canvas の音色の保存方法

　Hyper Canvasで音色を設定したあと曲を保存しても、音色設定は保存されません。音色設定を再現するには、音色設定を「パフォーマンス」として保存し、次回曲を開いたときに保存したパフォーマンスを読み込みます。

(手順)

(1) Hyper Canvas の「SYSTEM」をクリックします（①）。

(2) SYSTEM SETTINGS が開きます。「OPTION」をクリックします（②）。
(3) OPTIONS が開きます。「オプション設定」タブをクリックします（③）。
(4)「パフォーマンス・ファイル」にある「保存」をクリックします（④）。

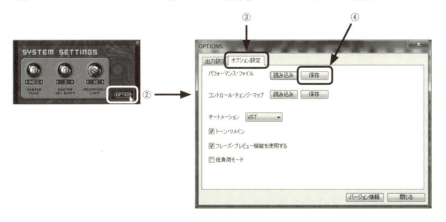

(5)「名前を付けて保存」が開きます。「ファイル名」にパフォーマンスの名前を入力します。ここでは「sound」とし（⑤）「保存」をクリックします（⑥）。

これでパフォーマンスが保存されました。

次回曲を開いたときは、手順（1）～（3）でOPTIONS画面の「オプション設定」タブを開き、「パフォーマンス・ファイル」の「読み込み」をクリックして保存したパフォーマンスを読み込めば、保存した音色設定が再現されます。

トラック名の変更

※ここからはABILITY ProもABILITYも同じように操作します。

　各トラックに入力するパートの名前をつけておくと、これからMIDIデータを入力する際もわかりやすく、間違いが少なくなります。

(手順)
(1)「トラック名」をクリックして入力待機状態になります。
(2) **BackSpace** キーを押して、現在表示されている「MIDI 1」を削除し、「Drums」と入力して **Enter** キーを押して確定します。

(3) 以降同様に、2トラック目に「Bass」、3トラック目に「Synth」、4トラック目に「Guitar」と入力します。

● Chapter 3　MIDIトラックを中心とした楽曲作成

Part2

実践編

このPart 2では、ピアノロールエディタやスコアエディタを使い、MIDIデータを入力します。

キーボードステップ入力によるドラムパートの作成
（ピアノロールエディタ編）

■ピアノロールエディタを開く

「ウインドウ」＞「ウインドウの起動」＞「ピアノロールエディタ」をクリックして開きます。

ピアノロールエディタでは、左側のトラックビューで入力するトラックを選択します。縦に配置された鍵盤で音の高さを、横方向のマス目（ロールバーパネル）でタイミングを表し、上のメモリでは小節数を示しています。データ（ロールバー）はペンツールやMIDIキーボードを使ってを入力します。

ピアノロールエディタ

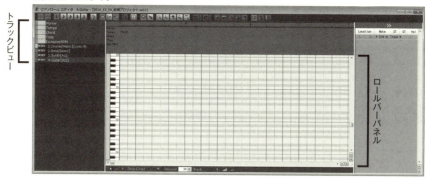

トラックビュー / ロールバーパネル

　キーボードステップ入力では、入力するタイミングを矢印キーで、音の高さをMIDIキーボードで指定して入力します。キーボードウインドウを使う場合は「ウインドウ」＞「ウインドウの起動」＞「キーボード」をクリックして表示しておきます。

■キーボードステップ入力での注意

　MIDIキーボードを弾いて入力する際、鍵盤を弾く強さがバラバラになると不自然なデータになり、その修正にも手間がかかります。MIDIキーボード側で弾く強さ（ベロシティ）を一定に設定できるモデルもありますが、ここでは強制的に一定のベロシティ値で入力されるよう、ABILITYシリーズのトラックで設定しておきます。

(手順)

(1) トラックの下の境界線にカーソルを乗せると、╋になります。
(2) そのまま下へドラッグすると、隠れていたボタンが表示されます。
(3)「F（固定モード）」をクリックしてオンにします。

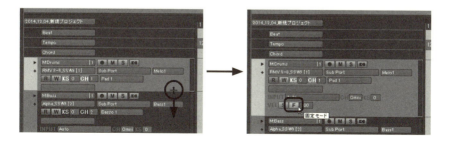

　右隣の数値「100」は音の強さを表すベロシティの値です。この状態にしておくとMIDIキーボードをどんなに強く弾いても弱く弾いても、ベロシティは「100」で入力さ

れます。このPart 2で解説するドラムとシンセのトラックでは、この「固定モード」にして入力します。

 キーボードウインドウを使う場合はベロシティ設定はなく、常に「100」で入力されます。

■入力の準備

これから入力するデータは次の通りです。

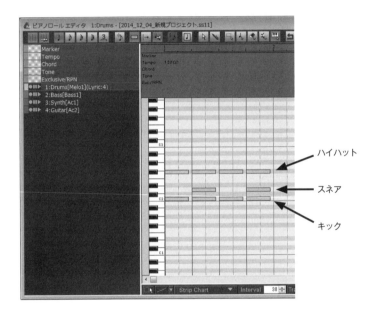

実際の手順を説明する前に、入力のための準備をします。

(手順)

(1) ピアノロールエディタのトラックビューで「1:Drums」をクリックして選択します(赤い枠で囲まれます、図①)。

 トラック名の「Drum」のあとに「Melo1」(Lyric:4)などの文字も表示されますが、ここでは無視してください。

(2) ドラムの音色は低い鍵盤に音が配置されています。「C2」の鍵盤（②）が中央に表示されるようにスクロールバーをドラッグして調整します。

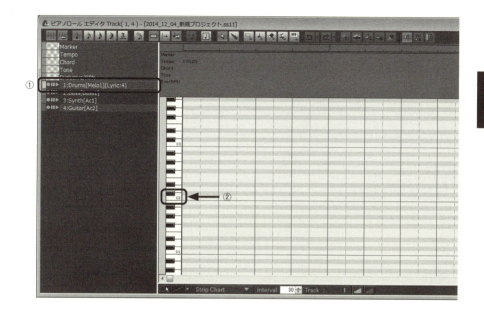

ヒント ここでの「C」とはドレミファ……の「ド」のことで、その後ろの数字によってどの高さのドなのかを表しており、数字が大きくなるほど高くなります。「C2」のすぐ上の「レ」は「D2」、その上のミは「E2」、というように表します。メーカーやソフト、モデルによっても異なりますが、一般的にC3が「中央のド」になります。
　ABILITYシリーズのバージョン1.5では、トラックの設定で音名表記（中央のド）をRoland（C4）方式、またはYAMAHA（C3）方式に切り替えることができます。

(3) これから1小節の長さのデータを作成するので、横方向へのズームボタン（③）で1～2小節が表示されるように調整します。

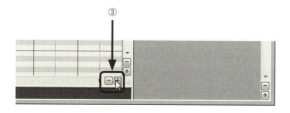

(4) 入力するタイミングは「グリッド」という縦の線にそろえられます。ここで入力するドラムはすべて4分音符単位なので、「4分グリッド」をクリックして選択します（④）。
(5) これから4分音符の長さで入力するので、「入力する音符の選択」をクリックして（⑤）「ノートパレット」を表示し、「4分音符」を選択します（⑥）。

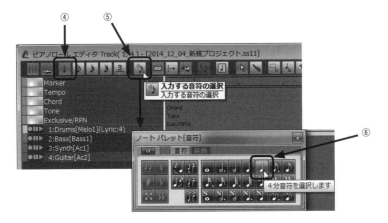

(6)「ステップ入力モード」をクリックして有効にします（⑦）。

(7) 曲の先頭から入力を始めるのでプレイパネルで曲の先頭に戻します（⑧）。

■キック(バスドラム)の入力

1小節目の各拍に入力します。

(手順)

(1) MIDIキーボードのC2を弾くと1小節目の1拍目、C2の位置にデータが入力されます。
入力位置を示す赤い線が2拍目に移動します(右図矢印)。

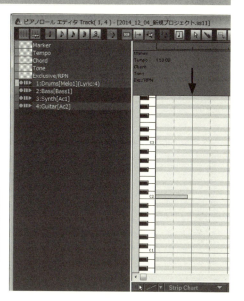

> **ヒント** 入力されたデータはぴったり1拍の長さではなく、デフォルトで設定されている1拍の長さで入力されます。詳細は114ページ「パラメータパレット」をご覧ください。

(2) そのままC2の鍵盤を3回続けてクリックして3~4拍目にも入力します。

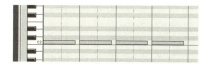

タイミングや音の高さを間違えた場合には、一度「矢印カーソルモード」をクリックしてから、該当するロールバーをドラッグして修正します。

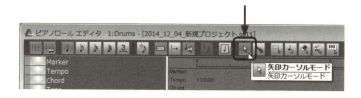

> **ヒント** 修正のために「矢印カーソルモード」を選択すると「ステップ入力モード」が無効になるので、入力に戻る際はもう一度「ステップ入力モード」をクリックしてから入力します。

● Chapter 3　MIDIトラックを中心とした楽曲作成

■スネアの入力

2拍目と4拍目に入力します。プレイパネルで曲を先頭に戻しておきます。

(手順)

(1) 1拍目は入力しません。パソコンキーボードの→キーを押すと、赤い線が2拍目に移動します。

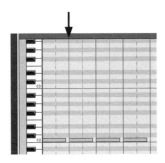

(2) スネアの音はD2を弾いて入力します。
(3) 次は4拍目に入力するので、→キーを押して赤い線を4拍目に進めてからD2を弾きます。

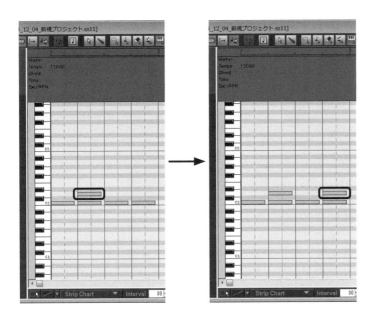

■ハイハットの入力

キックと同様、1拍目から4拍目の各拍に入力します。プレイパネルで曲を先頭に戻しておきます。

(手順)

(1) ハイハットはF#2を弾いて入力します。
(2) そのまま残りの3つも入力します。

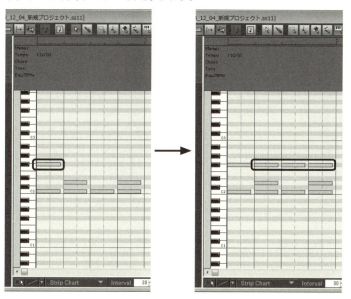

ドラムパートでは、同じフレーズが繰り返されることがよくあります。ここでも、今入力した1小節をあとでコピーするので、今は1小節だけ入力すれば終了です。

次はベースパートに別の方法で入力します。誤って不要な音符を入力してしまわないよう、ステップ入力モードを抜けるために「矢印カーソルモード」をクリックします。

● Chapter 3 MIDIトラックを中心とした楽曲作成

マウスステップ入力によるベースパートの作成
(ピアノロールエディタ編)

ベースはドラムと同じピアノロールエディタで入力しますが、MIDIキーボードは使わず、マウスを使って入力します。
これから入力するデータは次の通りです。

入力の準備

(手順)

(1) トラックビューで「2:Bass」をクリックして選択します(赤い枠で囲まれます)。
(2) ドラムトラックのデータは表示しておく必要がないので、「1:Drum」をクリックして選択を解除し、ドラムのデータを非表示にします。

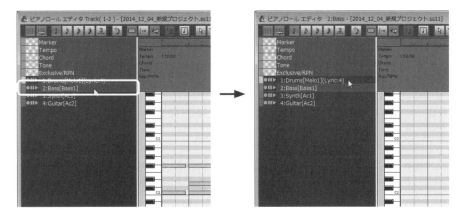

ベースも音域が低いので、ドラムトラックの入力と同じようC2が中心に表示されるようにしておきます。

(3) 入力するタイミングは、ベースは8分音符があるので、「8分グリッド」をクリックして選択します。

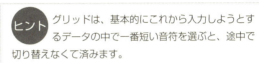

ヒント　グリッドは、基本的にこれから入力しようとするデータの中で一番短い音符を選ぶと、途中で切り替えなくて済みます。

(4)「ノートパレット」で「8分音符」を選択します。

(5)「音符入力モード」をクリックして有効にします。

● Chapter 3　MIDIトラックを中心とした楽曲作成

■ベースの入力

手順

(1) 先頭のロールバーのB♭2の高さのところでクリックします。クリックした位置に、8分音分の長さのデータが入力されます。
(2) 続けて同じB♭2の高さで2つ目、3つ目のグリッドをクリックします。
(3) 次は4分音符になります。ノートパレットで4分音符をクリックして選択します。
(4) A2の高さ、4つ目のグリッドでクリックします。

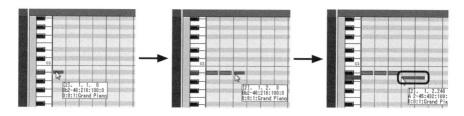

　あとは同様に、8分音符を選び6つ目のグリッドでA2の高さ、2分音符を選び7つ目のグリッドでD2の高さを、2小節目は、8分音符を選び5つ目のグリッドでF2、6つ目のグリッドでG2の高さ、最後は4分音符を選び、7つ目のグリッドでA2の高さをクリックします。

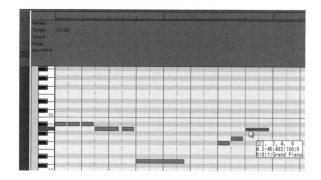

　これでベースパートの入力が終わりました。不用意にクリックして不要なデータを入力してしまわないよう、カーソルは「矢印カーソルモード」にしておきましょう。
　また、次のシンセサイザーの入力では他のエディタを使うので、ピアノロールエディタは「閉じる」ボタンをクリックして閉じておきます。

キーボードステップ入力によるシンセパートの作成
(スコアエディタ編)

スコアエディタは楽譜でデータを入力する画面です。たとえば、すでに譜面などが用意されているような場合には、同じ譜面になるように入力すればいいので、すばやく入力できます。

■スコアエディタを開く

「ウインドウ」>「ウインドウの起動」>「スコアエディタ」をクリックします。

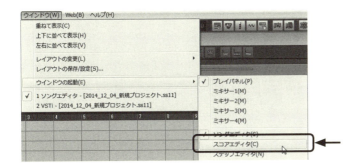

スコアエディタが開きます。

スコアエディタ

 これまでの操作で、ベーストラックの音符データが表示されています。

● Chapter 3 MIDIトラックを中心とした楽曲作成

入力の準備

これから入力するデータは次の通りです（英語の音名はエディタには表示されません）。

(手順)

(1) トラックビューで「2:Bass」をクリックして選択を解除し「3:Synth」をクリックして選択すると（①）、シンセトラックのみの譜面表示になります。
(2) シンセサイザーのパートは、4分音符が中心ですが、途中8分休符が出てくるのでグリッドは「8分グリッド」をクリックして選択します（②）。
(3)「ノートパレット」（③）で「4分音符」をクリックして選択します（④）。
(4)「ステップ入力モード」をクリックして有効にします（⑤）。

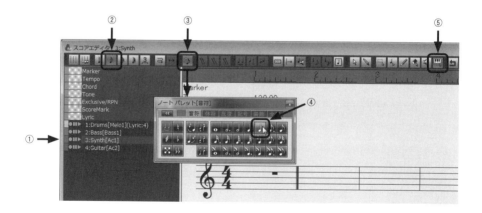

(5) プレイパネルで曲の先頭に戻します。

シンセの入力

手順

(1) 1小節1拍目です。MIDIキーボードの「B♭3」「D4」「F4」の鍵盤を同時に弾くと、音符が入力されます。

(2) パソコンキーボードの→キーを押して入力位置を示す線を8分音符分進めます。

(3) MIDIキーボードの「C4」「E4」「G4」を同時に弾いて入力します。

(4) 五線に音符が入力されるので、パソコンキーボードの→キーを押して入力位置を示す線を8分音符分進めます。
(5) MIDIキーボードの「D4」「F4」「A4」を同時に弾いて入力します。

これでシンセサイザーパートの入力ができました。
　入力が済んだら、不用意に入力してしまわないように「矢印カーソルモード」に変更しておきましょう。

● Chapter 3 MIDIトラックを中心とした楽曲作成

マウスステップ入力によるギターパートの作成
（スコアエディタ編）

スコアエディタでマウスによるステップ入力を行います。

■入力の準備

これから入力するデータは次の通りです。

(手順)

(1) トラックビューで「3:Synth」をクリックして選択を解除し、「4:Guitar」をクリックして選択します（①）。
(2) 入力するタイミングは、シンセと同じように8分音符があるので、「8分グリッド」をクリックして選択します（②）。
(3) 「ノートパレット」で「8分音符」を選択します（③）。
(4) 「音符入力モード」をクリックして有効にします（④）。
(5) 「グリッドモード」と「グリッドの固定」をクリックしてオンにします（⑤）。

110

グリッドモードをオンにすることで、ピアノロールエディタのように入力の際の目標（マス目）が表示され、入力しやすくなります。また「グリッドの固定」をオンにすることで、ノートパレットでノートを変更しても、グリッド間隔が変わってしまうのを防ぎます。

(6) ズームを操作して（⑥）入力しやすい表示に調整します。

■ギターの入力

(手順)

(1) 1小節1拍目の先頭で「D（レ）」の位置をクリックします。8分音符の「D（レ）」が入力されます。
(2) グリッド線2本目、8分休符のところで「A（ラ）」の位置をクリックします。

 音符を入力すると、自動的に残りの拍が休符で埋められます。

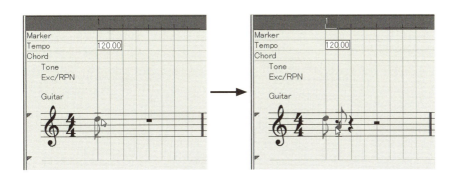

 音符の棒（「符尾〔ふび〕」という）の向きが左ページのサンプルと違いますが、これはあとで調整します。

(3) 2拍目、グリッド線3本目で「D（レ）」の位置をクリックします。
(4) 次の「C（ド）」は、その次の「C（ド）」とタイでつながっています。
まず2つの「C（ド）」を入力します（①）。
そのままノートパレットの「タイ」をクリックすると（②）、2つの音符がタイでくくられます（③）。

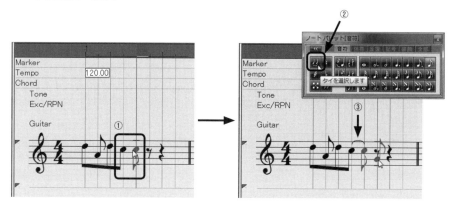

(5) 3拍目の裏、グリッド線6本目の8分休符のところで「G（ソ）」をクリックします。
(6) 次の2つの音符は小節線をまたいでタイでつながっています。ここは2つまとめて入力してしまいましょう。
ノートパレットで2分音符をクリックして選択します。
(7) 1小節4拍目、グリッド線7本目の4分休符のところ（④）で「A（ラ）」を、同じグリッドで「D（レ）」をクリックします。

入力と同時に、自動的に2つの4分音符に分けられ、タイでつながれます。

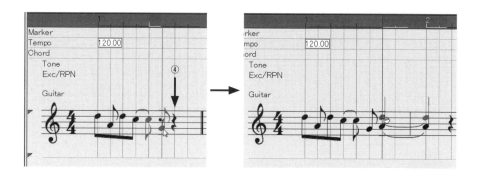

■符尾の向きを揃える

前項で入力した2つ目の「A（ラ）」と6つ目の「G（ソ）」、それぞれの符尾の向きを反転します。

(手順)

(1)「矢印カーソルモード」をクリックします（①）。
(2) 符尾の向きを反転したい音符をクリックして選択します（②）。

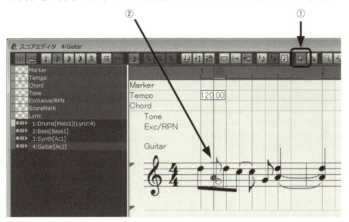

(3)「符尾の向き」をクリックすると（③）符尾の向きが反転します。

 ヒント　符尾の向きが反転すると同時に、前後の音符と横棒でつながれます。

(4)「G(ソ)」も同じ操作で反転させます。

これですべてのトラックの入力が完成しました。スコアエディタは閉じておきます。

■パラメータ パレット

ノートパレットにある「≪」ボタンをクリックすると「パラメータ パレット」が表示されます。

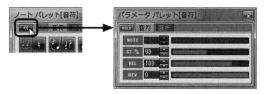

ここではさまざまなパラメーターの初期数値の設定と変更が行えます。
「音符」タブが選択されており、エディタ上で何もデータが選択されていないときには、ステップで入力する音符データの「GT(ゲートタイム=長さ)」「VEL(ベロシティ=強さ)」「DEV(デビエーション=発音タイミング)」を表しています。

たとえば、初期設定のまま4分音符を選択してマウスステップ入力すると、初期値は「GT = 90(%)」に設定されているため、グリッド線の4分音符の間隔より10%分だけ短く入力されます(①)。
GTの値を「100(%)」に設定するとぴったり4分音符の長さで入力されます(②)。

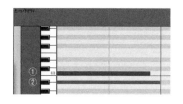

このGTは短か過ぎるとフレーズがカクカクと途切れたようになり、長いとフレーズがダラダラとだらしなく聞こえます。基本的には初期設定のままにしておき、楽器やフレーズによって調整するといいでしょう。

また入力済みのデータを選択し、パラメータ パレットで調整することもできます。

Part3
応用編

このPart 3では、入力済みのデータに編集を加え、生演奏に近づけていき、さらにデータをコピー&ペーストして曲としての体裁を整えていきます。

データを操作して表情をつける

ピアノロールのStrip Chartにベロシティを表示する

ピアノロールエディタを開き、トラックリストでDrumsを選択してドラムパターンのデータを表示しておきます。

(手順)
(1)「Strip Chart」をクリックします (①)。
(2) メニューから「Velocity」をクリックします (②)。

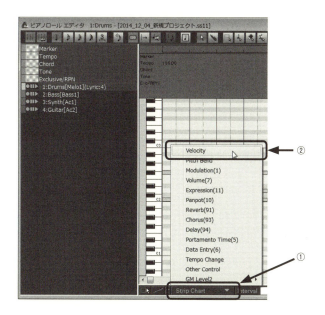

Strip Chart にベロシティのグラフが表示されました。

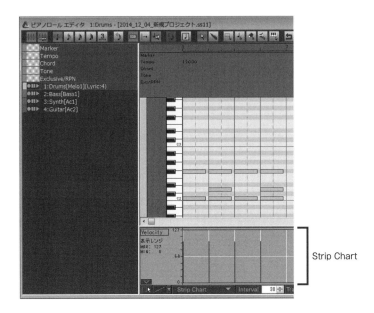

これまでの入力では、入力する際のベロシティは初期設定「100」になっていたため、すべての音が同じ強さになっています。ここでは表情をつけるためにベロシティを調整します。

カーソルを「矢印カーソルモード」にして作業します。

■スネアのベロシティを調整する 〜Strip Chart編〜

ポピュラー音楽では、2拍と4拍を強調するとドラム演奏にメリハリがつき、リズムが生き生きとしてきます。

(手順)

(1) 2拍目のスネアのデータをクリックして選択します(①)。

> **ヒント** 2拍目にはハイハットとキックのデータもあるため、まずスネアのデータを選択してスネアのベロシティだけを変更できるようにします。同じ位置に他のデータがない場合には直接ベロシティのグラフをドラッグしてもかまいません。

(2) 選択されたスネアのベロシティのグラフが、赤に変わります。カーソルをグラフの先端に近づけると↕カーソルになるので、上いっぱいまでドラッグします(②)。

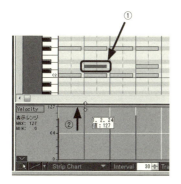

(3) 4拍目も同様に上げます(③)。

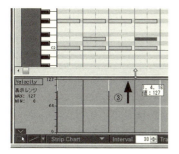

■ハイハットのベロシティを調整する ～ステップエディタ編～

変更する数値が決まっている場合には、ピアノロールエディタの右側に表示されているステップエディタで調整するのが便利です。ここではハイハットの2拍目と4拍目のベロシティを「80」に下げます。

ステップエディタのすべての項目が表示されていない場合、エディタ右端を右へドラッグして調整します。

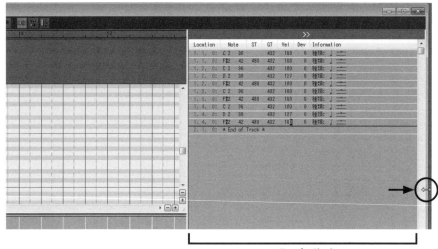

ステップエディタ

 ステップエディタでは、データの位置は「Location」で表されています。たとえばLocation「1. 1. 0」は「1小節目の1拍目の0（ジャスト）の位置」という意味です。

(手順)

(1) Location「1. 2. 0」にある「Note」の「F#2」が2拍目のハイハットのデータです。ベロシティ値を表す「Vel」欄の「100」をクリックして選択します。
(2) 入力用カーソルが点滅します。パソコンのテンキーで「80」と入力し、**Enter** キーで確定させます。

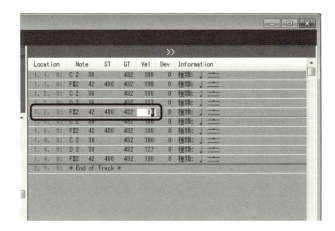

(3) 4拍目の編集を行います。パソコンの↓キーを使って、Location「1.4.0」のベロシティ「100」に移動します。

(4) こちらも「80」と入力して Enter キーを押します。

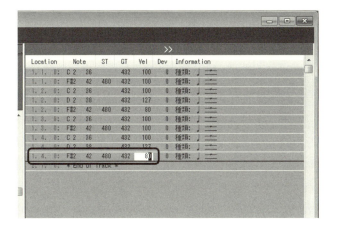

● Chapter 3 　MIDI トラックを中心とした楽曲作成

■キックのベロシティを調整する　～MIDI プラグイン「ドラムアクセント」編～

ドラムのデータに自動的にアクセントをつけることができるMIDIプラグイン「ドラムアクセント」を使ってデータを調整してみましょう。

(手順)

(1) 編集を行う範囲を設定します。「ラバーバンドモード」をクリックして選択し（①）、ドラムパターンのデータすべてをドラッグして選択します（②）。

右側のステップエディタではすべてのノートデータが選択され反転します。

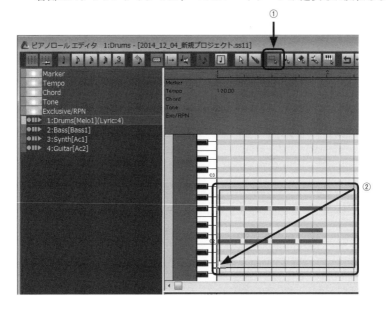

(2)「ツール」>「MIDI プラグイン」>「ドラムアクセント」をクリックします（③）。

「ドラムアクセントシミュレータ」が開きます（次ページ図）。

「アクセント・パターン」

16ビートや8ビートなど、さまざまなアクセントのパターンを選択できます。

「感度」

　アクセントをつける強弱の割合です。自然な効果を狙うなら初期設定の「100（%）」のままにしておきます。

「Note」

　どの音にアクセントをつけるか、ということです。ちなみに、初期設定の「42」はF#2のハイハット、「40」はD2のスネア、「36」はC2のキックとなっています。

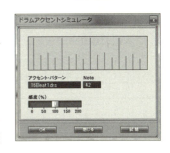

ノートナンバーは、ステップエディタの「Note」で確認できます。

(3) ここでは、キックにアクセントをつけるので「Note」の数字をクリックして反転させ「36」と入力して Enter キーで確定します（④）。
(4)「アクセント・パターン」は細かくベロシティを調整する「8Beat2.drs」を選択します（⑤）。
(5)「OK」をクリックします。

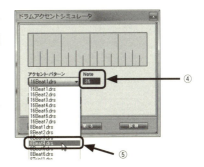

　キック（C2、36）のベロシティが変更され選択が解除されます。ベロシティの数値が細かく変更されているのがわかります。

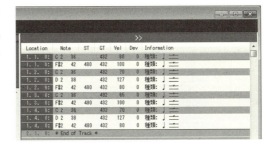

　操作が済んだら「閉じる」ボタンをクリックしてドラムアクセントシミュレータを閉じましょう。
　再生してみると、強弱がつくことで演奏が生々しくなったのがわかります。

● Chapter 3　MIDIトラックを中心とした楽曲作成

ベースのゲートタイムを短くして歯切れ良さを出す　〜データドラッグ編〜

　音の表情はベロシティに加えて、音の長さを示すゲートタイムによっても変化します。ここではベースのゲートタイムを調整します。トラックリストで、Bassを選択しベースのデータが表示されるようにしておき、細かい作業になるので画面を横方向に拡大しておきます。

(手順)

(1) ラバーバンドモードにして（①）すべてのデータを選択します（②）。
(2) 16分グリッドを選択します（③）。

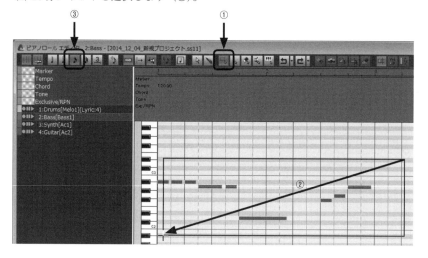

(3) 任意の8分音符のデータの右端にカーソルを近づけると、✣になります（④）。
(4) 16分グリッド1つ左へドラッグします。選択していたすべての8分音符のデータが、16分音符1つ分、短くなります。

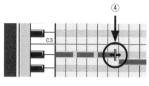

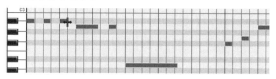

　これで再生してみると、これまで「ブー、ブー」というように聞こえていたフレーズが「ブン、ブン」となり、快活な感じになります。

> ヒント　ステップエディタでは「GT」というパラメーターがゲートタイムで、この数値を変更することでゲートタイムの調整ができます。

■ゲートタイムで音を伸ばしギターらしくする ～Strip Chart編～

ギターではベースとは逆にゲートタイムを長くすることで、アルペジオ演奏をシミュレートでき広がり感を出すことができます。

ここではスコアエディタのStrip ChartにVel & GTを表示してGT（ゲートタイム）の長さを調整します。スコアエディタを開き、トラックリストでギターのデータ（音符）だけが表示されるようにしておきます。

（手順）

(1) スコアエディタの「Strip Chart」をクリックして「Vel & GT」をクリックします（①）。

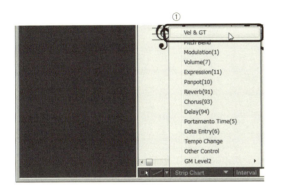

ヒント 「Vel & GT」では、ベロシティと同時にゲートタイムを調整できます。

(2) ラバーバンドモードで（②）すべての音符を選択します（③）。

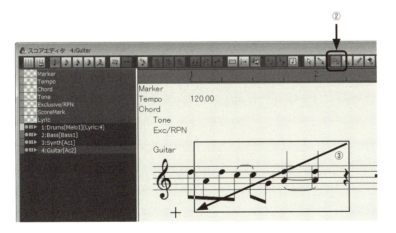

● Chapter 3 MIDIトラックを中心とした楽曲作成

(3) 任意の8分音符、ここでは先頭から2番目のGTの終わりの部分にカーソルを近づけると、⇔になります（④）。

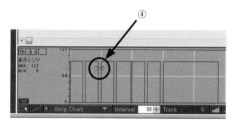

(4) そのまま右方向へ隣の8分音符にかかるようドラッグします。

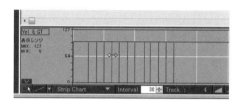

発音タイミングをずらす ～ステップエディタ編～

ギターではピックを使って複数の音を同時に弾くと、「チャン」ではなく「チャラン」というようにタイミングがずれます。これはステップエディタの音が鳴る位置を示す「Location」で、高い方の音が鳴る位置を後ろにずらすことでシミュレートできます。

ここでは、1小節4拍目で同時に鳴っているA4とD5で、D5の方のタイミングを遅らせます。

（手順）

(1) ステップエディタで、D5の音の「Location」、「1.4.0」の「0」の部分をクリックして反転させます。
(2) 「40」と入力して Enter キーを押します。

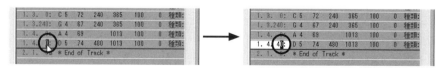

「グリッドモード」をオンにして、グリッドをたとえば4分音符にして表示すると、D2の音符が後ろにずれているのかがわかります。

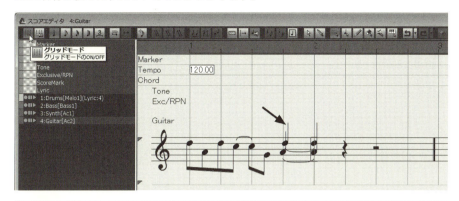

> **ヒント** ABILITYシリーズでは1拍を480タイミングまで分解して認識することができます（=「分解能」という）。ここではその約1/10ずらしたことになります。どれだけずらすかはテンポやフレーズにより、ずらすタイミングを少なくするとあっさり、多くするともったいをつけるような効果が得られます。

音楽記号を使って表情をつける

ここまでは、入力したデータに対して直接編集を加えてきましたが、ABILITYシリーズでは「ノートパレット」から音楽記号を付加することで、さまざまな表情をつけるためのデータを加えることができます。ここでは4分音符で「ドレミファソラシド」と入力したデータに表情を加えてみます。

ノートパレットを表示するには「入力する音符の選択」をクリックします。

● Chapter 3 MIDIトラックを中心とした楽曲作成

■「音符」タブ

「音符」タブでは、通常の入力する音符を選択できるのに加え、スタッカート、テヌートなどの記号を入力でき、その記号の通りに再生されます。

(使い方)

音符を入力する際に、記号もいっしょに選択して入力します。

■「記号」タブ

記号タブでは、音の強弱、クレッシェンド/デクレッシェンド、スラーなどの設定が行えます(フェルマータはデータに反映されません)。効果をかけるには「データに反映」をオンにしておきます。

(使い方1)

クレッシェンド、デクレッシェンド、スラー、8va、8vbなど範囲指定が必要なもの

「矢印カーソルモード」を選択して(①)効果をかける範囲を選択し、「ノートパレット」で記号をクリックします(②)。

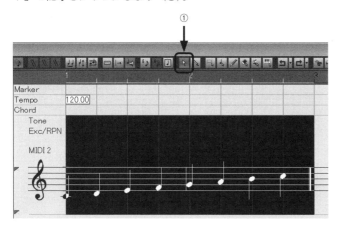

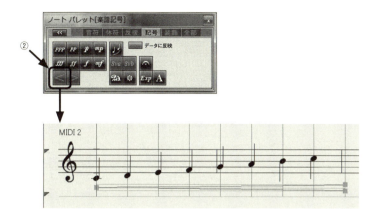

使い方2

その他の範囲設定が必要でないもの

　記号をクリックして選択し、効果をかけたい位置にドラッグします。

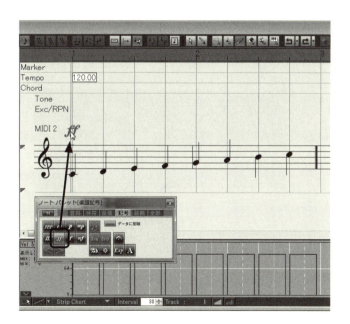

● Chapter 3　MIDIトラックを中心とした楽曲作成

オートニュアンス入力を利用する

　ABILITYシリーズには、さまざまな楽器に特化したMIDI編集機能がたくさん用意されています。それが「オートニュアンス入力」です。

(手順)
(1)「矢印カーソルモード」で（①）効果をかけたい音符を選択します（②）。
(2)「ツール」＞「オートニュアンス入力」をクリックします（③）。

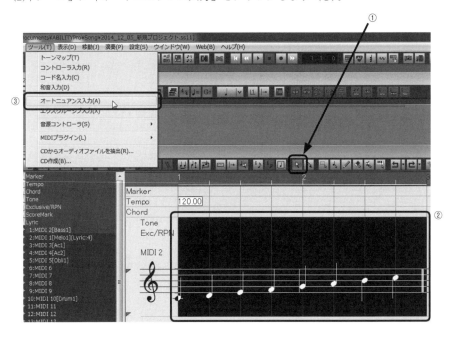

　オートニュアンス入力が開きます。

「Instrument」をクリックすると「BRASS」「DRUMS」「ETC（その他）」「GUITAR」などの楽器名が表示され、その楽器特有の奏法をシミュレートできます。

たとえばDRUMSでは、リバーブなどの効果をつけたり、ピッチを変更したりすることができます。

またInstrumentで「GUITAR」を選択すると、合計22の奏法が表示されます。選択されている奏法の説明が上部に表示されるのでイメージが湧きやすいはずです。さらに「試聴」をクリックするとその奏法が試聴できます。

(3) ここでは、「GUITAR」の「グリッサンド Up」を選択して（④）「入力」をクリックします（⑤）。

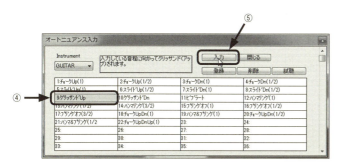

● Chapter 3 MIDIトラックを中心とした楽曲作成

ステップエディタには、音と音の間にピッチを変化させるコントロール「Pitch Ben(d)」が挿入されました。

楽器の奏法をデータに付加して表現力を高めたいときに利用してみましょう。

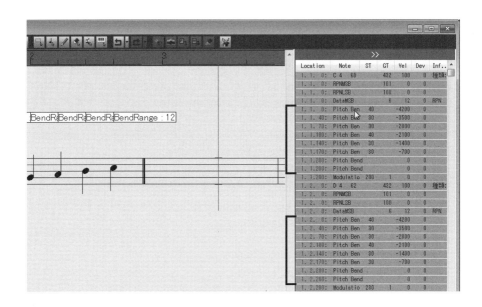

MIDIプラグインを活用しよう

120ページではMIDI編集機能としてMIDIプラグインの中からドラムアクセントシミュレータを紹介しましたが、ABILITYシリーズには他にもMIDIプラグインが用意されています。

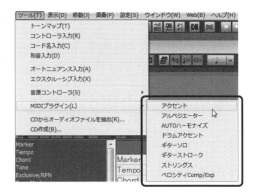

■アクセントシミュレータ

　人間らしい抑揚をつける機能です。ドラムアクセントシミュレータもベロシティを調整しますが、こちらはメロディに表情をつけるのに向きます。ここではスコアエディタでベロシティが表示された状態で操作して違いがわかるようにしておきます。

(手順)
(1)「矢印カーソルモード」で音符データを選択します。
(2)「ツール」＞「MIDI プラグイン」＞「アクセント」をクリックします。
　「アクセントシミュレータ」が開きます。

　「感度」によって抑揚の加減を調節できます。左いっぱいで平たんに、右いっぱいで極端な抑揚になります。

(3) ここでは初期設定のまま「OK」をクリックします。

　ベロシティが変更され均一ではなくなり抑揚がつきました。

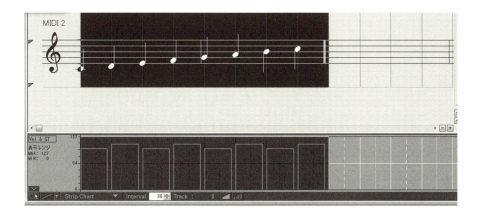

● Chapter 3　MIDIトラックを中心とした楽曲作成

■アルペジエーター

　アルペジオ（分散和音）を作成する機能です。あらかじめソングにコードを入力しておき、アルペジオを作成したいトラックの小節を選択すると、その範囲内にアルペジオを作成します。アルペジオのパターン、音符の長さ、コードのどの音からアルペジオを始めるか、音域などを設定することができます。

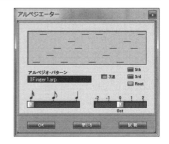

　コード入力の方法は 74 ページをご覧ください。

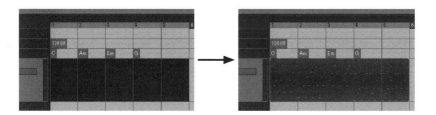

■AUTO ハーモナイズ

　選択したメロディに対してハーモニーをつける機能です。AUTO HARMONYモードではコードトーンや、スケール的なアプローチでハーモニーをつけ、FIXモードでは指定した間隔でハーモニーをつけます。

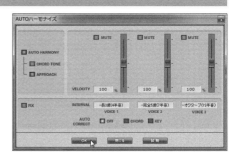

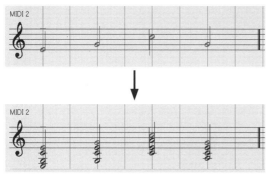

■ギターソロシミュレータ

ギターの音色のフレーズに対して、ギターの特徴的奏法である「スライド」「チョーキング」「ビブラート」「ハンマリング/プリング」を加味してギターソロらしいフレーズにする機能です。

図では「ピッチベンド」などのコントロールが採用されています。

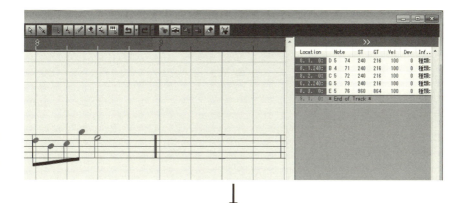

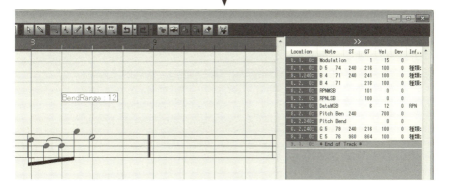

● Chapter 3　MIDIトラックを中心とした楽曲作成

■ギターストロークシミュレータ

ギターのストロークをシミュレートします。

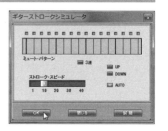

弦に対して下ろして弾く「DOWN」、上げて弾く「UP」だけにすることもできますが、通常はDOWNとUPを交互にする「AUTO」にします。「ストローク・スピード」は各音の間の時間をどれだけ空けるかを設定するもので、左にするとすべての弦が同時に、右にすると各弦がよりバラバラのタイミングで再生されます。「ミュート・パターン」では、音を短く切るミュート奏法を設定できます。

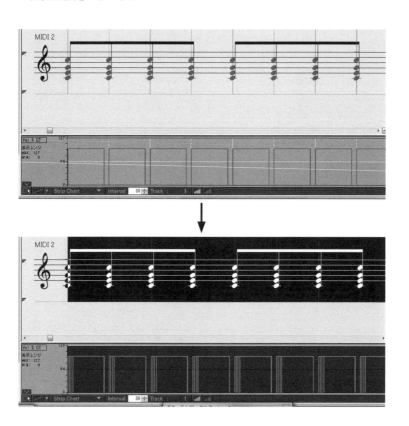

■ストリングスシミュレータ

　ストリングス（弦楽器）の音は、ただ音色を選んで音符データを入力しただけだと、実際に弦を弓で弾くときに現れる音量の変化がなく、雰囲気が出ないことがあります。そのようなときに、このストリングスシミュレータを使うと、音量の連続的な変化（エクスプレッションデータ）を加えることによって、ストリングスらしさを与えてくれます。

　データの変化を確認するために、一時的にStrip Chartに表示されるデータをExpression（エクスプレッション）に切り替えて操作します。「感度」は変化の音符的な単位を、「音量」はどのような割合で音量の変化をつけるかを調整します。「レガート」を有効にすると音符と音符の間をなくして滑らかにつながる効果が得られます。

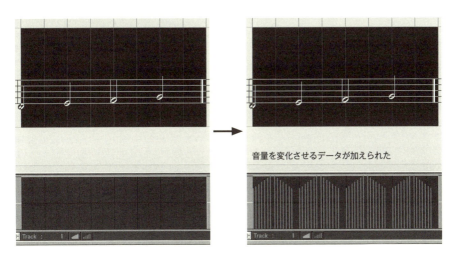

音量を変化させるデータが加えられた

● Chapter 3　MIDIトラックを中心とした楽曲作成

■ベロシティ Comp/Exp（コンプレッション / エクスパンド）

　ベロシティを圧縮したり拡張したりできます。たとえば、MIDIキーボードを使ったリアルタイム入力で、ベロシティがバラバラでギクシャクした演奏になってしまったデータを、スムーズなデータに修正したい場合などに便利です。「Threshold（スレッショルド）」で効果がかかる基準を決め、「Ratio（レシオ）」ではかかり具合を設定します。

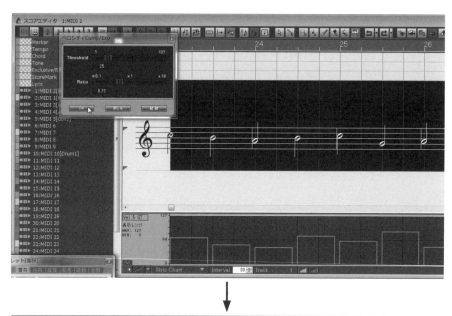

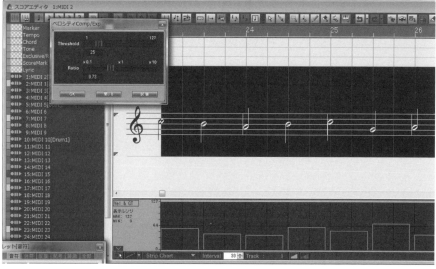

Part3 応用編

コピー&ペーストで体裁を整える

125ページまでのデータ作成に戻ります。これまで2小節のデータを作成しましたが、これだけでは再生してもすぐに終わってしまいます。そこで、コピー&ペーストして曲としての体裁を整えましょう。

■ ドラムのコピペ

ドラムは1小節のみ作成しました。他のトラック同様、2小節のデータにするために、まずはドラムをコピペします。

ドラムのリージョンにカーソルを近づけ、🖐になったら、パソコンキーボードの**Ctrl**キーを押しながら、2小節目にドラッグします。

1小節目のリージョンが2小節目にコピペされます。

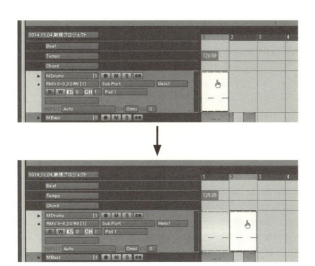

● Chapter 3　MIDIトラックを中心とした楽曲作成

■ 全体のコピペ

　これですべてのトラックが2小節単位になったので、すべてのトラックを3回コピペして、合計8小節にします。

(手順)

(1) 1トラック目のドラムのリージョンにカーソルを近づけて「+」になったら、ドラッグしてすべてのリージョンを選択します。
(2)「編集」>「コピー」をクリックします。

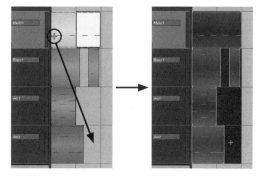

(3) 3小節目の「3」の部分をダブルクリックしてペーストする場所を指定します。

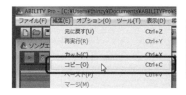 

(4)「編集」>「ペースト」をクリックします。3小節目にペーストされました。

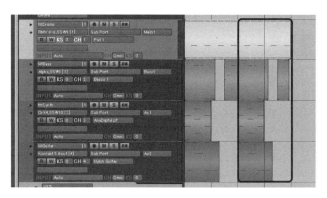

　以降、5、7小節目にも同様にコピペします。

> 　「コピー」のショートカットは Ctrl + C キー、「ペースト」のショートカットは Ctrl + V キーです。

138

Chapter 4

メロディに伴奏をつける

● Chapter 4 メロディに伴奏をつける

Part 1

メロディの MIDI リアルタイム入力と修正

このChapterでは、ABILITYシリーズの「コード判定機能」を使い、メロディからコード進行を作成し、自動伴奏をつけます。まずこのPart 1では、MIDIキーボードを弾いて入力する「リアルタイム入力」でメロディを入力します。

MIDI キーボードを使ったリアルタイム入力

4小節のメロディを入力します。

■ 新規作成

(手順)

(1)「ファイル」>「新規作成」をクリックします。
(2)「新規作成」が開きます。
「テンプレートから選択」にチェックが入った状態で(①)「MIDI(HyperCanvas)16トラック AUDIO 8トラック1ミキサー」をクリックして選択し(②)、「OK」をクリックします。
(3) ソングエディタが開きます。

> ヒント　プレイパネルが表示されていない場合は、19ページ「プレイパネルの表示とレイアウトの保存」をご覧ください。

■ メトロノームとテンポの設定

演奏のガイドとなるメトロノームを鳴らす設定と、テンポの設定を行います。

(手順)

(1) プレイパネルの「AUDIOクリック」をクリックしてオン(黄色に点灯)にします(①)。

Part1 メロディの MIDI リアルタイム入力と修正

　メトロノームは「クリック」と呼ばれることもあります。ABILIT Y シリーズでは、オーディオデータでメトロノームを鳴らしているので「オーディオクリック」と呼んでいます。

(2)「AUTO STOP（演奏を曲の最後で自動的に停止）」をオフ（消灯）にします（②）。これにより、停止ボタンをクリックするまで曲が再生され続けます。

(3)「再生」をクリックします（③）。

(4) 曲が再生されメトロノーム音が鳴ります。テンポ欄の下にあるスライドバーで自分が演奏できるテンポに設定します（④）。左へドラッグすると遅く、右へドラッグすると速くなります。ここでは「87.60」としました。

　テンポの数値をダブルクリックして数値を入力することもできます。

　ここで設定したテンポはソングを保存しても反映されません。ソングのテンポに反映させるには 55 ページをご覧ください。

(5) テンポが設定できたら「停止」をクリックして再生を停止します。

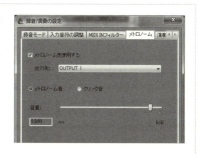　メトロノーム音の音量や音の種類などの調整は、「AUDIO クリック」をダブルクリックすると表示される「録音 / 演奏の設定」の「メトロノーム」タブで行います。

● Chapter 4 メロディに伴奏をつける

■プリロールの設定

　録音ボタンをクリックしてから、実際に演奏を始める前のカウントを設定します。ここでは2小節分のカウントが鳴ってから録音が開始されるように設定します。

(手順)

(1) プレイパネルの「Pre-roll」をクリックすると、「0」の数字が反転します。

> ヒント　数字をクリックするのではなく「Pre-roll」という文字をクリックしてください。

(2)「2」と入力して Enter キーで確定します。

> ヒント　Pre-roll は初期設定でオン（点灯）になっていますが、小節数を入力する際、何度か「Pre-roll」の文字をクリックしているうちにオフになっていることがあります。入力したあとは「Pre-roll」が点灯しているかどうか確認するようにしましょう。

■リアルタイム入力と確認

　これから1トラック目に入力します。ここでは初期設定のピアノの音のまま入力します。

(手順)

(1) 1トラック目の「録音モード」ボタンをクリックして有効にします（①）。
(2) MIDIキーボードを弾いて、ピアノの音が鳴るかどうか、またそのときにメーターが反応するかどうか（②）を確認してください。

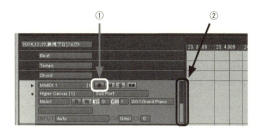

(3) プレイパネルの「曲の先頭に戻る」をクリックして、曲を先頭にします（③）。
(4) プレイパネルの「録音」をクリックして録音を開始します（④）。2小節分（8回）のメトロノーム音を聞いてから4小節分のメロディを鍵盤で弾きます。

ヒント 白鍵を中心に弾くことと、最後は「C（ド）」で終わりにすること、この2点に注意しておくと、このあとのコード判定がスムーズにいきます。

(5) 入力が終わったら「停止」をクリックします。

どのような演奏になっているか、ピアノロールエディタで確認します。
「ウインドウ」＞「ウインドウの起動」＞「ピアノロールエディタ」をクリックするとピアノロールエディタが開きます。曲を先頭に戻して再生し、音の高さやタイミングが合っているかどうかを確認してみましょう。
またメロディ全体が表示されていない場合にはズームイン/アウトを行ってください。

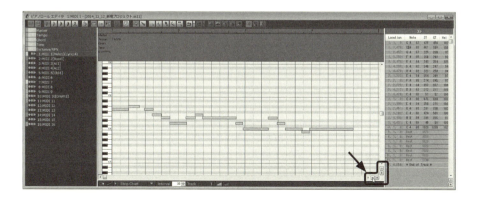

● Chapter 4　メロディに伴奏をつける

データの修正

入力したデータのタイミングや高さ、音の長さなどは、あとからエディタで修正することができます。

■微妙なタイミングの修正　クォンタイズ機能を使う

ピアノロールエディタは現在初期設定の4分グリッドになっており、青い線が4分音符のタイミングで、その間に8分音符のタイミングで灰色のグリッドが表示されています。正確に弾いたつもりでも、わずかにタイミングがグリッドの前、あるいは後ろにずれることがあります。

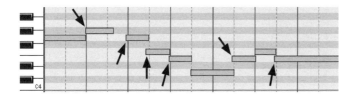

人間の演奏ならではのこの微妙なタイミングのずれは、「クォンタイズ」という機能で修正します。また、タイミングが目で見て判断できないほど微妙な場合もあるので、入力したデータすべてに対しておこなっておきます。

(手順)

(1)「ラバーバンドモード」をクリックします（①）。

(2) ドラッグしてすべてのロールバーを選択します。

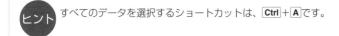

ヒント　すべてのデータを選択するショートカットは、[Ctrl]+[A]です。

(3)「編集」＞「MIDIトラック編集」＞「クォンタイズ」をクリックします（②）。
(4)「MIDIトラック編集」が開きます。

　　ここでは、「グリッド選択」でタイミングを合わせる単位を選択します。たとえば8分音符を中心としたメロディを入力した場合、「8分グリッド」を選択します（③）。

 入力したデータの中で一番短い音符をクォンタイズのグリッドに設定しておくと、比較的修正がうまくいきます。

(5)「補正する割合」は、選択したグリッドのジャストのタイミングに直したいので初期設定の「100％」のままにしておきます（④）。「実行」をクリックします（⑤）。

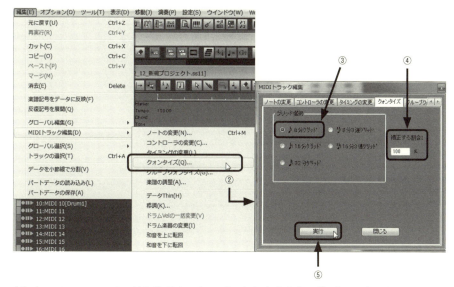

(6) すべてのロールバーが8分グリッドにぴったり合うように修正されました。

(7)「閉じる」をクリックして画面を閉じます。

● Chapter 4 メロディに伴奏をつける

■音の高さの修正

次に音の高さを修正します。ここでは例として、先頭から2つ目の「ソ#」を「ミ」に修正します。

(手順)

(1) クォンタイズの操作で、データすべてが選択されています。データがないところでクリックして選択を解除します。
(2)「矢印カーソルモード」をクリックします（①）。
(3) 2つ目のデータをクリックして選択します（②）。

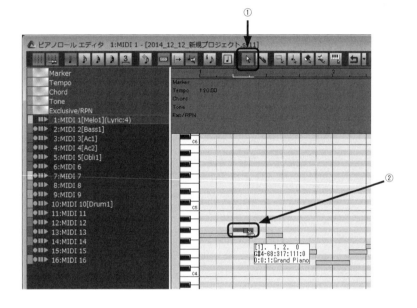

(4) カーソルが手の形になるので、「ミ」の位置までドラッグして修正します（③）。

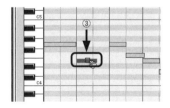

Part1 メロディのMIDIリアルタイム入力と修正

■長さの修正

この2つ目のデータは4分音符にする予定でしたが、短くなってしまいました。これを修正します。

(手順)

(1)「矢印カーソルモード」のまま、データをクリックして選択します。
(2) 右端にカーソルを近づけると ⇔ になります。
(3) 4分音符の長さになるようにドラッグします。

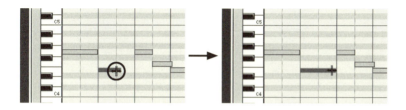

スコアエディタで開いて、楽譜を確認しましょう。

● Chapter 4 メロディに伴奏をつける

Part2
鼻歌入力

　Part 2 では、ABILITY シリーズの「シング to スコア」機能を使い、マイクに向かって歌い、メロディを MIDI データとして入力します。

　このとき気をつけたいのは、スピーカーから音が鳴る状態だと、マイクに向かって歌う声がスピーカーからも聞こえ、二重に入力され誤変換される場合がある、という点です。そのためマイク録音する際はスピーカーは鳴らさず、ヘッドホンを使用します。

　また鼻歌入力のコツとして、ビブラートや抑揚をつけず、実際の歌詞ではなく「アー」「マー」などの持続音で歌うと認識されやすくなるので参考にしてください。

　ここでは、マイクをオーディオインターフェース QUAD-CAPTURE の INPUT 1L に接続した状態で解説しています。マイクの接続については、26 ページ「マイクやギターの接続」をご覧ください。

■鼻歌入力のための準備

　この Chapter 4 の Part 1 「MIDI キーボードを使ったリアルタイム入力」を参照し、「新規作成」「メトロノームとテンポの設定」「プリロールの設定」まで行います。ここではテンポは「80」としています。

(手順)
(1)「演奏」＞「シング to スコア」をクリックします（①）。

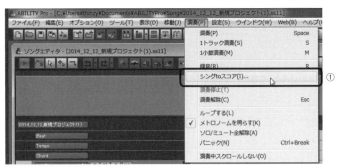

　「シング to スコア」と同時にスコアエディタも開きます。

(2)「チューニング」で、「男声」または「女声」を選択します（②）。その他の欄は初期設定のままにしておきます。

(3) 録音を開始する前に「テスト」をクリックします（③）。

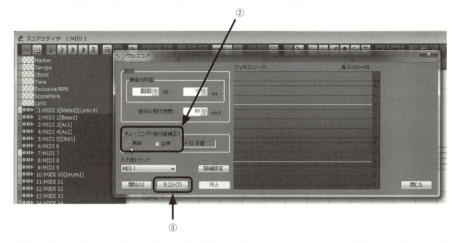

(4) マイクに向かって「あー」というように歌うと、「ピッチスコープ」にはピッチの変動がラインで表示され（④）、そしてその右に歌ったピッチ（音の高さ）が表示されます（⑤）。自分の声の高さを確認し、なるべくピッチが揺れないようにします。

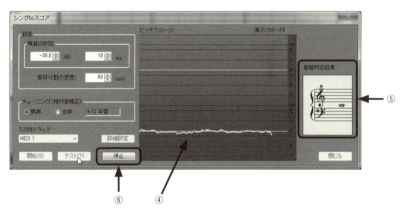

(5) テストが終わったら「停止」をクリックします（上図⑥）。

> **ヒント** テストをしても反応がない場合には、接続がうまくいっていないか音量不足が考えられます。31 ページ「マイクを接続して音を鳴らす」を参考に接続と音量レベルを確認してください。

149

● Chapter 4　メロディに伴奏をつける

■「シング to スコア」で鼻歌入力

(手順)

(1)「シング to スコア」で「開始」をクリックし（①）、メトロノーム音を2小節分（8回）聞いてから歌います。

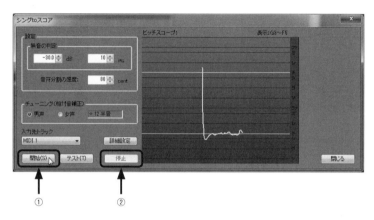

(2) 歌い終わったら「停止」をクリックします（上図②）。

休符がたくさんついていますが、ピッチはなんとか正常な楽譜になりました。

　入力が済んだら「シングtoスコア」画面は「閉じる」をクリックして閉じます。
　間違えて変換されたり、うまく歌えなかったりなどで正しい音符になっていない場合は、144ページ「データの修正」を参考に修正を行ってください。

Part3
伴奏作成

Part3では、ABILITYシリーズの「コード判定」機能、「EZアレンジ」機能を使い、ここまでで入力したメロディにコードをつけ、伴奏を作成します。ここではPart1で入力したメロディを使用します。

コードを入力する

■コード判定を行う

まず、「コード判定」機能を使って、入力したコードに合ったコード進行を探します。

(手順)
(1) スコアエディタで、「アレンジモード」をクリックして (①) アレンジパネルを開きます。
(2)「コード判定」をクリックすると (②)「コード判定」が開きます。

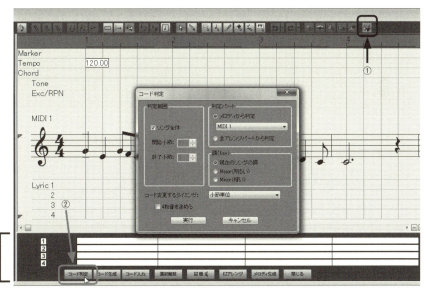

ヒント　アレンジモードをクリックしてもアレンジパネルが表示されないときは、スコアエディタの下側をドラッグして画面を広げると表示されます。

(3)「判定範囲」では、作ったメロディが4小節なので、「ソング全体」のチェックをはずし（③）「開始小節」は初期設定のままの「1」で、「終了小節」は「▲」をクリックして「4」にします（④）。

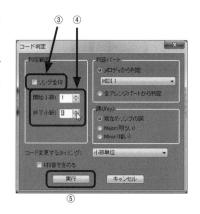

「判定パート」と「調（Key）」

この2つの項目は初期設定のままにしておきます。

「コード変更するタイミング」

特に複雑な曲でない限り初期設定の「小節単位」でいいですが、メロディの展開が複雑な場合や、シンコペーションのようなリズムのアクセントが一般的でない場合には細かい音符に設定すると良いでしょう。

「4和音を含める」

単純な3和音よりも複雑な響きが得られる4和音を採用するかどうか、ということです。明るいストレートな曲なので、ここではチェックを入れません。

(4)「実行」をクリックします（上図⑤）。

アレンジパネルには4つのコード進行候補が表示されます。

■コード進行の試聴と選択

　判定されたコード進行を試聴しますが、作ったメロディといっしょに再生するようにします。

(手順)

(1) ラバーバンドモードで（①）音符をすべて選択します（②）。

 メロディをいっしょに再生しないという場合には音符を選択しません。

(2)「試聴」をクリックします（③）。

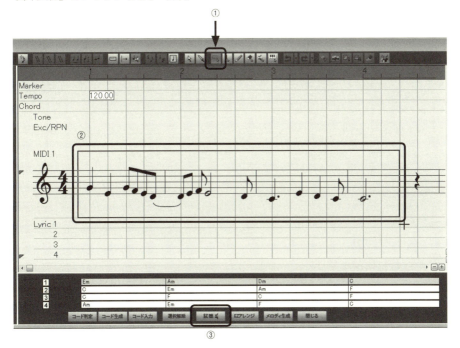

他のコード進行候補を試すには、候補の番号をクリックします（④）。

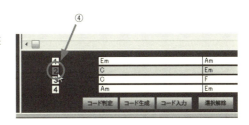

● Chapter 4 メロディに伴奏をつける

コードをクリックして小節ごとにコードを選択することもできます。

「試聴」をクリックすると、選択したコードが順に演奏されます。

■ コードを入力する

コード進行が決まったら、ソングに入力します。「コード入力」をクリックすると、選択したコード進行がコードトラックに入力されます。

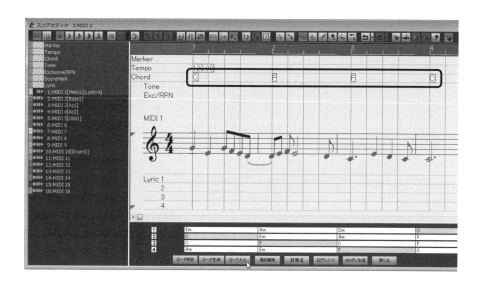

Part3 伴奏作成

EZアレンジを使った伴奏づけ

コード進行が決まれば、あとはABILITYシリーズの簡単伴奏づけ機能「EZアレンジ」であっという間に曲が完成します。

(手順)

(1) アレンジパネルの「EZアレンジ」をクリックします(①)。

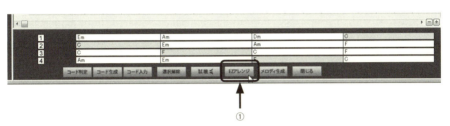

「EZアレンジ」が開きます。

(2)「ジャンル」で伴奏のスタイルを選択します(②)。
「試聴」をクリックすると(③)、メロディと同期して選択している伴奏を試聴できます。イメージに合うものを選択します。ここでは「8ビート1」を選択します。

(3)「EZアレンジ」をクリックします(④)。これでアレンジデータがソングエディタに付加されました。

(4)「閉じる」をクリックします(⑤)。

155

スコアエディタを閉じ、ソングエディタを見ると、伴奏データがトラックに付加されているのがわかります。

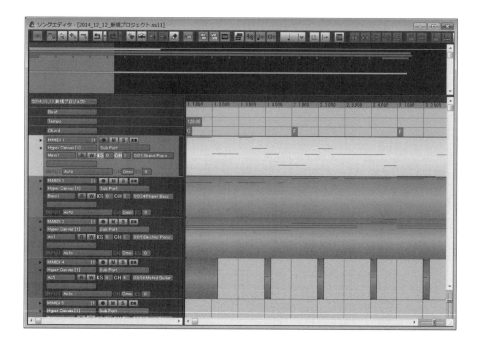

これで再生すると、伴奏といっしょに入力したメロディが再生されます。メロディだけのときに比べると曲らしくなったのがわかるはずです。

MIDI のドラム専用「10 トラック」の仕組み

MIDI の約束事では MIDI データを作る際、ドラムトラックは 10 トラックに作成することが多いです。ABILITY シリーズでも EZ アレンジなどで伴奏を読み込むと、ドラムは 10 トラック目に配置されます。

このドラムトラックのリージョンをピアノロールエディタで開きます。すると、これまでは音の高さは鍵盤で表示されていましたが、「Snare Drum 1」や「Bass Drum 1」など、ドラムキットのパーツ名で表示されます。

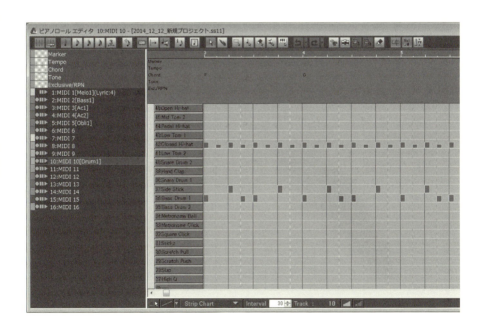

これで「あれ、バスドラムってどの鍵盤だっけ？」と悩まずに入力ができるようになります。

また、他のパート、たとえば「MIDI 2」の［Bass1］をいっしょに選択して表示すると、下にはドラム、上には鍵盤のピアノロールでベースが表示され、ビートやタイミングの関係がわかりやすいので、調整しやすくなります。

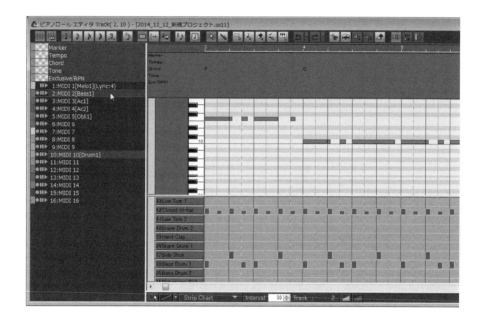

ただし、これは10トラックのみで、同じデータが入ったリージョンをたとえば11トラックに移動してしまうと、ピアノロールで開いても通常の鍵盤の表示になってしまいます。

またVSTインストゥルメントにはパーツに対応する鍵盤の位置が異なるものもあるので、10トラックで入力しても、表示されているパーツとは違う音が鳴ることもあるので注意しましょう。

Chapter 5

オーディオトラックを中心とした楽曲作成

● Chapter 5　オーディオトラックを中心とした楽曲作成

Part1

準備編

　Chapter 5では、オーディオトラックにギターを録音したり、ドラムのフレーズを貼り付けたりして曲を作っていきます。このPart 1では、オーディオトラックを作成し、ギター用のエフェクトをアサインします。

　ここでは、QUAD-CAPTUREのINPUT 1Lにギターを接続し、Hi-Zスイッチをオンにした状態で解説しています。オーディオインターフェースの操作やギターを接続する方法については、26ページ「マイクやギターの接続」を参考にしてください。

　ABILITY ProとABILITYでは収録されているエフェクトが異なるので、それぞれ解説します。また、オーディオミキサーインスペクタの構成が異なるので、その違いについても解説します。

新規作成

　これから録音するギター、そしてPart 2で使用するドラムフレーズはオーディオデータです。そこでここでは、オーディオトラック中心のテンプレートを選択します。

■テンプレートの選択

(手順)

(1)「ファイル」>「新規作成」をクリックします。「新規作成」が開きます。

(2) このChapterはオーディオ中心なので「AUDIO 8トラック」を選択し、「OK」をクリックします。

160

エフェクトの起動
(ABILITY Pro の場合)

Guitar Rig の起動

AUDIO 1 トラックにエフェクト「Guitar Rig」を起動します。

> **ABILITY をお使いの方へ**
> ABILITY では付属しているエフェクトが異なるので、165 ページからの解説をご覧ください。

(手順)

(1) AUDIO 1 トラックの「i（インスペクタ）」ボタンをクリックします（①）。

オーディオミキサーインスペクタが開きます。

(2)「録音モード」（②）、「Rec M」ボタン（③）をクリックして有効（赤く点灯）にします。
(3) Rec Effect にある「None」と表示された部分をクリックして、メニューから「Guitar」＞「Guitar Rig」をクリックします（④）。

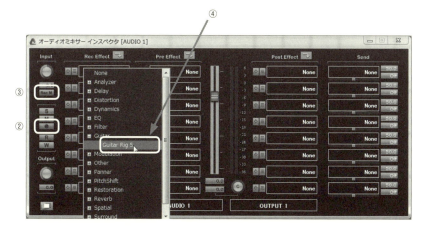

Guitar Rigが起動します。

 ABILITY ProのRec Effectにエフェクトをアサインすると、エフェクトがかかった状態のオーディオデータがトラックに録音されます。

(4)「Preset Attributes」からギター用のプリセット「Guitar Amps」をクリックします（⑤）。
(5)「Preset Name」にプリセットが表示されます。ここではロックぽいリフにぴったりな「009 Riff Rocker」をダブルクリックします（⑥）。すると、右側にそのサウンドに対応したアンプやエフェクトなどが読み込まれます。

■ Guitar Rigの構成

　Guitar Rigは、エフェクト、アンプ、キャビネット（スピーカー）などのデバイスを自由に選んで組み合わせることができるギター/ベースアンプシミュレータです。

　前項で選択したこの「Riff Rocker」というプリセットには、SKREAMERというオーバードライブ（音に歪みを加える）のエフェクト（Ⓐ）、LEAD 800というギターアンプ（Ⓑ）、MATCHED CABINETというギターアンプに適したキャビネット（Ⓒ）が読み込まれています。エフェクトやギターアンプはツマミを操作して自由に音作りができ、さらにMATCHED CABINETではAとBの2種類のマイクのブレンドを調整したり（Ⓓ）、マイク（DRY）と部屋の残響（AIR）を調整したりできます（Ⓔ）。

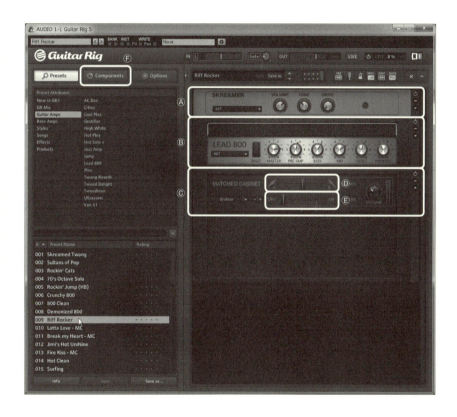

　現在はプリセットが選択されていますが、エフェクトやアンプ、キャビネットなどを好みに変更することができます。「Components」をクリックすると（上図Ⓕ）、使用できるエフェクトやアンプなどのカテゴリー一覧が表示されます（次ページ図参照）。

たとえば「Amplifiers」の右にある「▼」をクリックすると、ギターアンプが7種類とベース・アンプが1種類表示されます。

たとえば、ギターアンプを「Hot Plex」に置き換えたい、という場合には、Hot Plexのアイコンを現在使用中のLEAD800の上にドラッグします（Ⓖ）。

また、現在の状態にエフェクトを加える、たとえば「Delay&Echo」にある「Quad Delay」を加えるという場合には、デバイスの間にドラッグします（Ⓗ）。

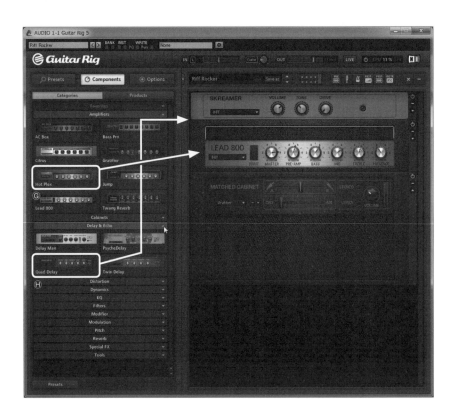

エフェクトの起動
(ABILITYの場合)

AUDIO 1トラックでエフェクト「Distortion」を起動します。

(手順)

(1) 161ページABILITY Proの場合の手順(1)を参考にAUDIO 1トラック「i（インスペクタ）」ボタンをクリックしてオーディオミキサーインスペクタを開きます。

(2)「Pre Effect」にある「None」と表示された部分をクリックして、メニューから「Distortion」＞「Distortion」をクリックします。

 ABILITYはPre Effectのみ装備しています。この場合エフェクトはモニター音にのみかかり、トラックにはエフェクトのかかっていない音で録音されます。

(3) 現在Distortionではプリセットの「Hard」が読み込まれています。「GAIN」で歪み具合、「TONE」で音の明るさを調整します。

● Chapter 5 オーディオトラックを中心とした楽曲作成

Part2
ギター録音編

このPart 2では、ドラムのフレーズに合わせて実際にオーディオトラックにギターを録音します。

ドラムフレーズの用意

ギターを録音する際には、バックの伴奏があった方がテンポをキープでき、いかにもバンドの演奏という雰囲気が出ます。ここでは、ドラムパートをABILITYシリーズ付属の「フレーズ」で作成してみましょう。

これからの作業に、「Guitar Rig」(ABILITYの場合は「Distortion」)や「オーディオミキサーインスペクタ」は必要ないので、各画面の上部をドラッグして下の方へ移動させておいてください。

メディアブラウザの表示

フレーズは「メディアブラウザ」から選択します。「ジャンル」や「楽器」などの条件を選択して目的のフレーズをすばやく選択することができます。

(手順)

(1)「ウインドウ」>「ウインドウの起動」>「メディアブラウザ」をクリックします(①)。

(2) メディアブラウザが表示されます。メディアブラウザには「アレンジ」「コード」「プール」のウインドウが統合されています。他のウインドウになっている場合には「フレーズ」のタブをクリックします (②)。

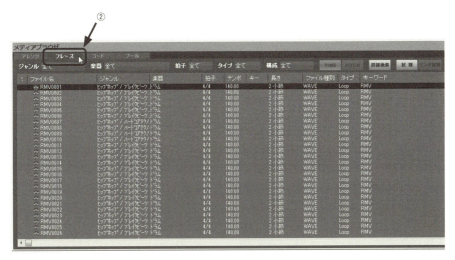

(3) ここでは8ビート系のドラムのフレーズを探します。まず、「ジャンル」の「全て」をクリックしてメニューから「8ビート」をクリックします (③)。

(4) 楽器を選択します。ここでは「楽器」の「全て」をクリックしてメニューから「ドラム」をクリックします (④)。

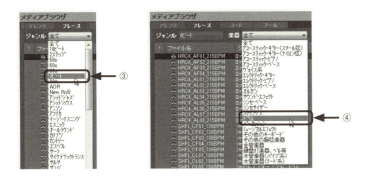

これで表示されているファイルは8ビートのドラムだけになりました。どんなフレーズがあるのか試聴してみましょう。

● Chapter 5　オーディオトラックを中心とした楽曲作成

■ フレーズの試聴

フレーズをクリックして選択し「試聴」ボタンをクリックします。

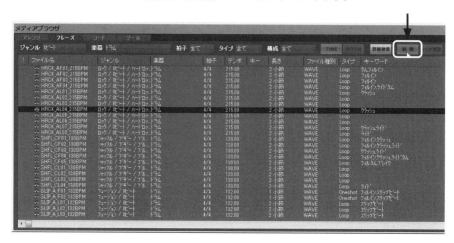

選択したフレーズが繰り返して再生されます。もう一度「試聴」ボタンをクリックすると試奏が停止します。また他のファイルを選択した場合も試奏が停止するので、再度「試聴」ボタンクリックして試奏します。

■ ドラムのフレーズをトラックに貼り長さを調整する

それでは、例として「8BTL_LC02_90BPM」というフレーズを選択してソングエディタのAUDIO 2トラックに貼り付けてから10小節の長さにします。10小節のうち2小節は演奏を始める前のカウント、残りの8小節をギターで演奏します。

(手順)

(1) 正確に小節の先頭にフレーズを貼るために、「オプション」をクリックして、メニューを開き、「グリッドにスナップ」にチェックがついているかどうかを確認します。チェックがついていない場合には選択してチェックをつけ、スナップを有効にします（①）。

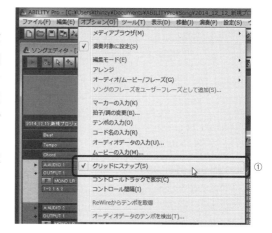

(2) AUDIO 2 トラックの 1 小節目が見えるようにメディアブラウザを移動します。
(3) 「8BTL_LC02_90BPM」をドラッグして、AUDIO 2 トラックの 1 小節目にドラッグします（②）。

2 小節分のドラムフレーズが貼り付けられました。この 2 小節のフレーズを 10 小節の長さにします。

(4) フレーズ右端の ○ を右に向かってドラッグし（上図③）、11 小節のグリッド線まで伸ばします。

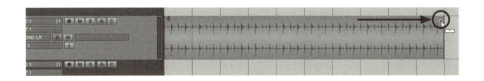

これでドラムパートができあがりました。このドラムに合わせてギターを演奏し、録音します。

● Chapter 5 オーディオトラックを中心とした楽曲作成

> ヒント　メディアブラウザから貼り付けたオーディオのフレーズの「タイプ」を見ると「Loop」となっています。これはオーディオファイルの中でも「ループファイル」と呼ばれるものです。このループファイルはここでの作業のように右端をドラッグするだけで好きな長さ（小節）にすることができます。またテンポを変更してもあまり音質には影響を及ぼしません。
> 　このループファイルは「ACID Wave（アシッドウェブ）」と呼ぶこともあります。くわしくは 180 ページ「ACID Wave とは」をご覧ください。

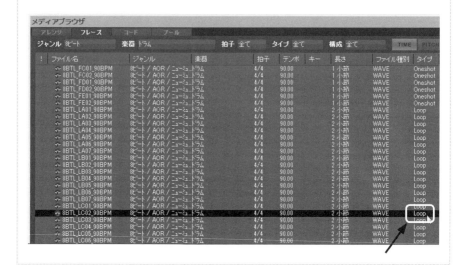

ギター録音

どのような演奏にするかは任意ですが、ギターパートを録音したあとに他の楽器のトラックを作成することを考えて、コードはEメジャーとします。

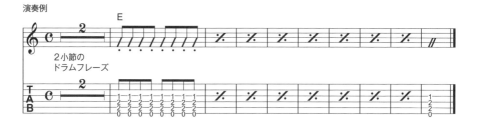

■チューニング (Guitar Rigのみ)

録音する前にきちんとチューニングをしておきましょう。Guitar Rigの音叉のマークをクリックするとチューナーが表示され、チューニングできます。

■録音レベルの調整

オーディオインターフェースのセンスなどで録音レベルを調整します。これから録音するAUDIO 1トラックのメーターを見ながら、もっとも強く弾いたときにメーターが7割くらいになるように調整します。

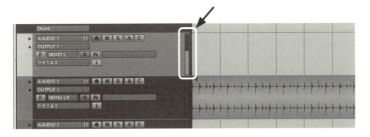

■録音開始

それでは録音を開始します。

(手順)

(1) 初期設定で有効になっているプレイパネルの「プリロール」をオフ(消灯)にします(①)。
(2) プレイパネルの「録音(停止)」をクリックして録音を開始し(②)、録音が終了したところで「再生(停止)」ボタンをクリックします(③)。

● Chapter 5　オーディオトラックを中心とした楽曲作成

ギターの演奏がオーディオデータとして録音されました。

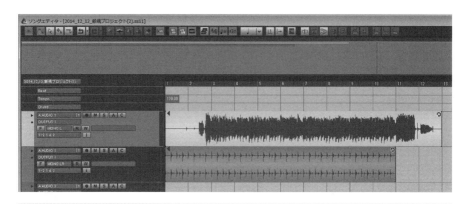

　ABILITY シリーズの便利機能「ループレコーディング」を使ったベストテイクの作成方法は 182 ページ「オーディオ録音に便利な機能～ギターのベストテイク作成編」をご覧ください。

再生して聞いてみましょう。

結果に満足がいかなかったら……

「編集」＞「元に戻す」をクリックして録音したデータを削除し、録音をやり直します。

ツールバーからもアクセスできます。「元に戻す」ボタン右の「▼」をクリックすると、「元に戻す」の履歴が一覧で表示されるので、クリックするとその操作までダイレクトに戻ることができます。

■録音が終了したら(ABILITY Proのみ)

　ABILITY Proの場合、エフェクト(ここでは「Guitar Rig」)がかかった音がトラックに録音されているためエフェクトは不要です。ノイズが発生しないよう、または負荷がかからないようエフェクトをオフにします。

(手順)

(1) オーディオミキサーインスペクタの「Rec M」(①)と「録音モード」ボタン(②)をクリックしてオフに(消灯)します。
(2) 「Rec Effect」をクリックしてメニューから「None」をクリックします(③)。

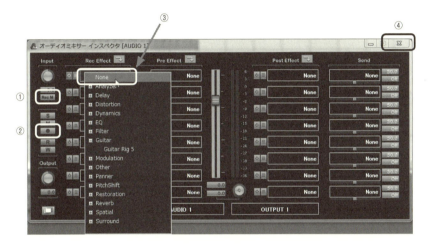

(3) 「閉じる」ボタンをクリックします(上図④)。

Part3

修正・追加編

　このPart 3では、録音したギターを編集して仕上げ、さらにベースパートも追加して曲として体裁を整えます。

録音したデータの修正

　AUDIO 1に何度か録音してみた結果、ベストな演奏が録音できたとします。録音したオーディオデータはさらにもっと良い状態に聞こえるように修正することができます。

■演奏していない部分のノイズをカットする

　演奏が始まる前と終わったあとには、弦に触れてしまったことなどによるノイズが発生しています。このままにすると再生するたびにノイズも再生されてしまい、クオリティーの低い曲になってしまうのでカットします。

　こうしたノイズは、リージョンを縮めるだけでカットすることができます。

手順

(1) リージョンの先頭にカーソルを当てると ✥ になります。
(2) ただドラッグしただけではスナップが有効になっているので、小節単位でしかリージョンを縮めることができず、細かい部分をカットすることができません。小節よりも細かいタイミングで編集するために、Alt キーを押しながら右にドラッグしてノイズをカットし、必要な部分がきちんと残るように調整します。

 Alt キーを押すことで、グリッドへのスナップを一時的にオフにしています。Alt キーを離すと「グリッドにスナップ」が有効になります。

Part3 修正・追加編

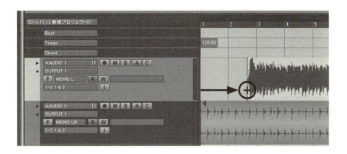

(3) 終わりの部分も同様に、Alt キーを押しながら左へドラッグしてノイズをカットします。

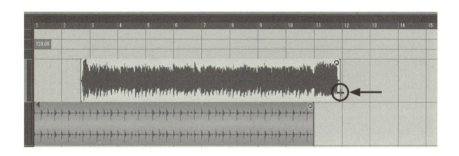

> **ヒント** このデータでは、ギターの最後の部分でロックのエンディングっぽく「ジャーン」と音を伸ばしています。音の余韻を消してしまわないよう、10小節目よりも長くデータを残しています。

演奏全体のタイミングを調整する

再生して聞いてみると、演奏自体は合っているのですが、全体的に微妙に突っ込んだり、逆にもたったりしていることがあります。このような場合は、リージョン全体を移動してタイミングを調整します。

(手順)

(1) カーソルをリージョン上に移動すると、🖐の形になります。その状態でクリックするとリージョン全体が選択されます。
(2) 微妙な位置へ移動できるよう Alt キーを押しながら、リージョンをドラッグします。突っ込んでいる場合は右へ、もたっている場合は左へドラッグします。

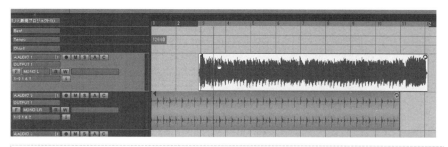

 画面右下の拡大 / 縮小スライダーを使って縦横に拡大すると作業がやりやすくなります。

ベースパートの入力

ここまでドラムパート、そしてギターパートを作成しました。さらにベースパートを作成すると、よりバンドらしくなります。

ドラムパートと同様、ABILITY シリーズ付属のフレーズで作成する

ドラムパートはドラムのフレーズをドラッグ&ドロップして作成しましたが、ベースも同じ要領で作成することができます。

ベースのフレーズの使い方で注意するのは、ドラムは打楽器なのでコード進行は関係ありませんが、ベースはコード進行によって音が変わる点です。すでに録音済みのギターパートに合わせるために、コードを設定します。

Part3 修正・追加編

 ループファイルとキーの関係については、180ページ「ACID Waveとは」をご覧ください。

手順

(1) メディアブラウザが閉じている場合には、「ウインドウ」＞「ウインドウの起動」＞「メディアブラウザ」をクリックします。

(2) 「楽器」の項目をクリックしてメニューから「エレクトリック・ベース」をクリックします（①）。

(3) ここでは「EB_PMLB01_B_120BPM」を使います。空いている「AUDIO 3」トラックの3小節目にドラッグ＆ドロップすると1小節のフレーズが貼り付けられます（②）。

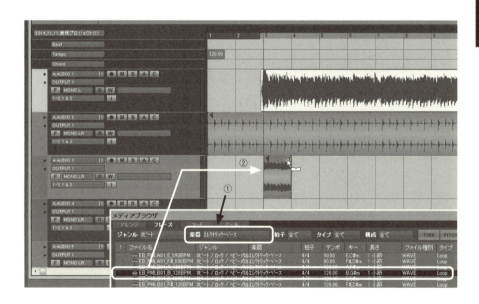

(4) フレーズの右端にある○を右に向かってドラッグし、11小節のグリッド線まで伸ばします。

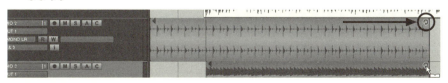

このままでは、ギターのEコードとはまったく関係ない音で演奏されてしまいます。Eのコードを指定します。

(5)「Chord」欄の3小節目でダブルクリックすると「C」という文字が反転します。

(6)パソコンキーボードで「E」とタイプし、 Enter キーを押して確定します。

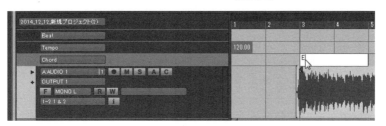

> ヒント　ギターを他のキー、たとえばAで録音した場合には、手順（6）で「A」と入力します。

> 注意　ここでのコードの指定は、音が高い / 低いというキーを操作しているだけです。よってコードのタイプであるメジャー / マイナーの変更、たとえばCからBmにするようなことはできません。

これでベースパートも、ギターのEコードの演奏に合ったフレーズが再生されます。

ギターパートと同様、ベースギターを用意して録音する

もしベースギターが用意できれば、ギターを録音したときと同じ手順でベースパートを録音できます。次図はPart 1「準備編」（160ページ）からの手順を参考に、たとえばAUDIO 3トラックにベースの音を録音したものです。

> ヒント　ベースの録音が終わったらオーディオミキサーインスペクタやエフェクトなどは閉じておきましょう。

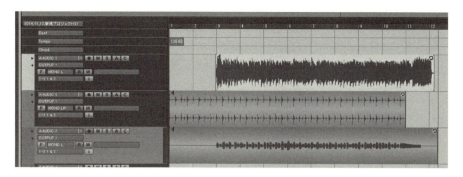

■MIDIトラックを作成し、ベースパートを入力する

トラック上で右クリックしMIDIトラックを追加してVSTインストゥルメントを読み込めば、ベースパートをMIDIデータで作成することもできます（Chapter 3「MIDIトラックを中心とした楽曲作成」〔75ページ〕参照）。

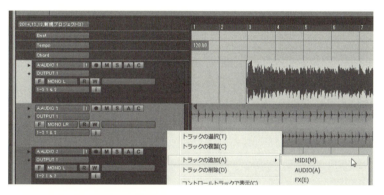

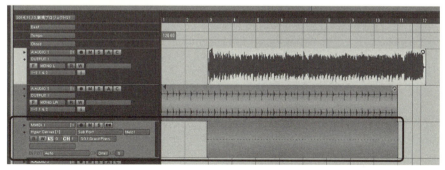

できあがった曲は63ページを参考に、「名前を付けて保存」を実行して保存しておきます。

ACID Wave とは

この Chapter では、ドラムとベースに付属のフレーズを使いました。どちらも人間の生演奏を収録したオーディオファイルなので大変ノリの良い演奏だと感じたはずです。これらのオーディオファイルのほとんどは Part2 でも使ったループファイル、または ACID Wave（アシッドウェブ）と呼ばれるもので、打楽器ならそのフレーズの「テンポ」の情報、音程のある楽器ならテンポと、そのフレーズの音の高さを表す「キー」の情報が含まれています。

そのため ACID Wave はトラックに読み込まれると、まずそのソングファイルのテンポの情報に合わせたテンポに調整されます。

ドラムはコードによって音の高さが変わるとおかしな音になってしまうので、もともとキーの情報は含まれていません。ベースのような音程のある楽器の ACID Wave は、トラックに読み込まれるとまず初期設定である「C」に調整されます。その後コード進行を入力すると、それに合わせてキー（音の高さ）が変化する仕組みです。

これは、入力したオーディオデータを右クリックすると表示されるメニューから「オーディオプロパティ」を選択すると表示される「オーディオプロパティ」画面で確認できます。

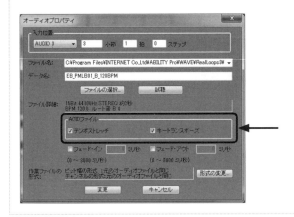

Chapter 6

オーディオ録音に便利な機能

● Chapter 6　オーディオ録音に便利な機能

Part1
ギターのベストテイク作成編

ギターソロでは何度かテイクを重ねて、その中から良い部分を選んで1つのテイクにまとめてベストテイクを作ることがよくあります。このPart 1では、ギターソロの範囲内に繰り返し録音する「ループレコーディング」で複数のテイクを録音し、部分的にテイクをつなぎベストテイクを作成します。

ギターのベストテイクを作る

ABILITYシリーズでは、1つのトラックに複数のVIRTUAL AUDIOトラックが用意されているので、気に入るまでテイクを重ねることができます。さらに同じ箇所を繰り返し録音するループレコーディングが可能なので、録音作業を中断することなく、納得するまで何度でもチャレンジできます。

■ループレコーディング

ドラム、ベース、バッキングのギター、この3つのトラックが完成したところから始めます。ここでは、AUDIO 4トラックにギターソロを録音します。ここでは指定した範囲を繰り返し再生/録音しながらテイクを重ねる「ループレコーディング」を行います。

なおギターの接続については26ページ「マイクやギターの接続」を、ギターの録音については159ページ「オーディオトラックを中心とした楽曲作成」をご覧ください。

(手順)
(1) プレイパネルで「ループ」ボタン(①)と「セレクトプレイ(選択演奏)」ボタン(②)をオンに、「録音モード」ボタンはオフにし(③)、曲を先頭に戻します(④)。

まずここで曲を先頭に戻し、そのあと、録音する範囲を設定します。順序が逆になると選択範囲が解除されてしまいます。

(2) これからトラックが自動的に増えていきます。たくさんのトラックが表示できるよう、ソングエディタの下枠を下にドラッグして縦の幅を広げ（⑤）、縦方向をズームアウトさせておきます（⑥）。

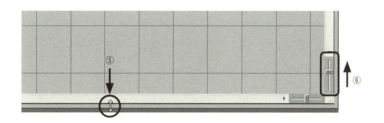

(3) 録音する範囲を設定します。矢印カーソルで1小節から10小節に向かってドラッグします（⑦）。

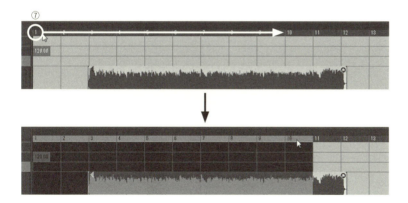

最初の2小節は待ってギターソロは3小節目から始まり、10小節目まで終わったら、また先頭に戻って2小節聞いたあと、また2回目のギターソロを8小節分録音するという進行になります。

(4) AUDIO 4のトラックで、159ページ「オーディオトラックを中心とした楽曲作成」を参考に、音作りと録音の設定を行います。

(5) プレイパネルで「録音」をクリックして録音を開始し、何度かテイクを重ねたら「停止」をクリックして録音を停止します。ここでは3テイクを録音しました。
(6) 曲を先頭に戻すと範囲の選択が解除されます。

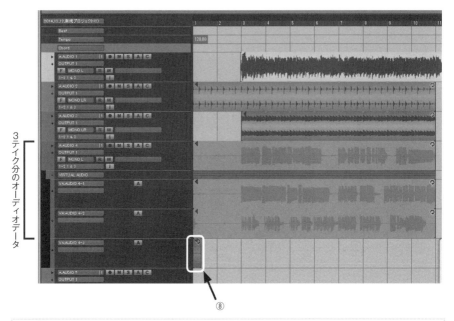

テイクを重ねて自動的に新しく追加されたトラックを「バーチャルトラック」といいます。

(7) 4テイク目が始まったときに録音を停止したので、4テイク目の先頭に中途半端なデータができてしまいました（上図⑧）。クリックして選択し Delete キーを押して削除しておきましょう。

■テイクの試聴

トラックの「A（アクティブモード）」ボタンをクリックしてオン（点灯）にすると、そのバーチャルトラックのみが再生されます。録音したテイクを聞き比べて、どのテイクのどこが良いかをチェックします。

Part1 ギターのベストテイク作成編

■オーディオデータの分割とつなぎ合わせ

ここでは、3〜6小節はAUDIO 4トラック、7〜8小節は4-1トラック、9〜10小節は4-2トラックの演奏が良かったということにして、これらをつなぎ合わせます。

(手順)

(1) 録音したテイク全体を7小節目の直前で分割します。リージョン上でカーソルが「+」になったら、そのまま3テイク分のリージョンの3〜6小節目までをドラッグして選択します。

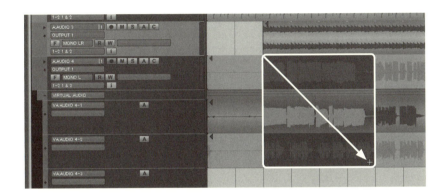

(2)「編集」＞「オーディオトラック編集」＞「データの分割」をクリックします（①）。

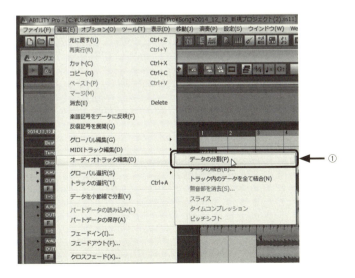

185

選択していた3〜6小節目の前後で、3テイク分のリージョンが分割されました。

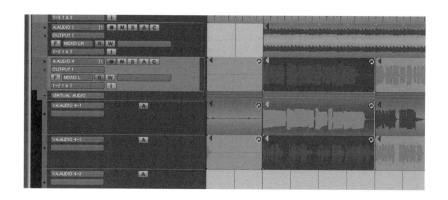

(3) 同様に、7〜8小節目までを選択し、「データの分割」を実行します。
(4) AUDIO 4トラックの「C（チェインモード）」をクリックしてオンにします（②）。
(5) 分割したデータに「● （オン）」ボタンが表示されるので（③）、再生したいデータをオン（青色）にし、鳴らしたくないデータはオフ（グレー）にします。

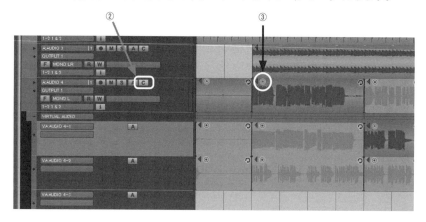

　再生すると、選択してオンにしたデータが順に再生されます。これでベストなテイクが完成しました。

Part2
ボーカル録音とピッチ修正、オートハーモニー機能編

　ボーカル録音の基本とピッチの修正、さらにコード進行に合わせてハーモニーを自動で作成する「オートハーモニー」を使います。

ボーカル録音

■ボーカル録音の準備と録音

　ここでは、オーディオインターフェース QUAD-CAPTURE の INPUT 1L にマイクを接続した状態で解説しています。マイクの接続については、26ページ「マイクやギターの接続」をご覧ください。

　次のような簡単なメロディを歌って録音し、ピッチを調整します。

手順

(1) これまでの手順を参考に、テンプレートから「MIDI（HyperCanvas）16 トラック AUDIO8 トラック 1 ミキサー」を選択して新規ソングを作成します。

(2) AUDIO 1 トラックが表示されるよう、スクロールして調整します。

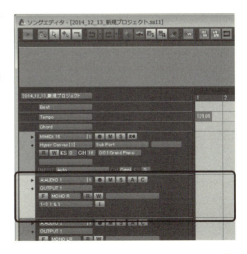

(3) オーディオミキサーインスペクタを開き、「録音モード」と「Rec M」を有効にし、マイクに向かって歌ってみて、メーターを見ながらオーディオインターフェースのSENSなどで録音レベルを調整します。

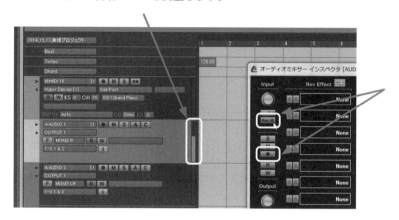

(4) プレイパネルでは、テンポを80に、「メトロノーム」と「選択演奏」をオンに、そして「Pre-roll」は2小節に設定にします。

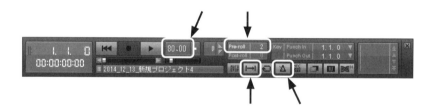

(5)「先頭に戻す」をクリックして曲を先頭に戻し、「録音」をクリックして録音を開始し、終わったら「停止」をクリックして停止します。

 「Pre-roll」で設定した2小節のあと、さらに1小節待ってから(2小節目から)歌い始めると、焦らずに歌え、歌い出しから正確に録音することができます。

どうも歌いにくいという場合

　ここでは練習として、ボーカルをデフォルト設定のまま録音しました。が、このままでは歌い慣れていないと、自分の声がヘッドホンから生々しく響いて歌いにくいことがあります。そのようなときにはエフェクトをかけると歌いやすくなります。

　ここで解説する「Pre Effect」でエフェクトかけると、エフェクト成分は録音されないので、ミックスダウンのときにあらためて調整することができます。このようにエフェクトをモニターにのみかかる方法を「モニターがけ」と言います。

■コンプレッサー

　コンプレッサーは大きいレベルの音を圧縮して音量差をなくすエフェクトです。結果的に音量が安定するので歌いやすくなります。

(手順)

(1) オーディオミキサーインスペクタの「Pre Effect」の一番上の「None」をクリックして、「Dynamics」＞「Compressor」をクリックします（①）。

　コンプレッサーが開きます。プリセットでは「Guitar」が選択されています（②）。

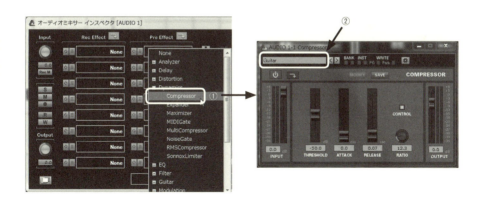

(2) プリセットの部分をクリックして、メニューからボーカル用のプリセット「Vocal」をクリックします（③）。

リバーブ

リバーブは残響効果をつけるエフェクトです。カラオケのように深くかけるのはピッチやリズムが狂うことがあるのでお勧めしませんが、ごく軽く自然な感じでかけると気持ちよく歌えます。

(手順)

(1)「Pre Effect」の2番目の「None」をクリックして、「Reverb」＞「Reverb」をクリックします（①）。

リバーブが開きます。プリセットでは「Small-R」が選択されています（②）。

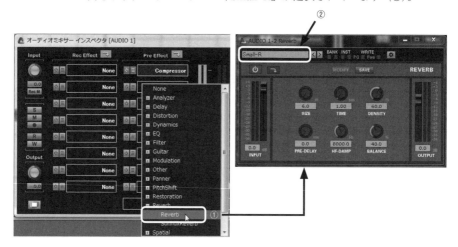

(2) プリセットの部分をクリックして、メニューからボーカル用のプリセット「Vocal」をクリックします（③）。

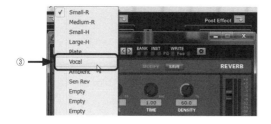

 ここではあくまで歌いやすくするためにエフェクトをかけています。実際のエフェクト操作については、233ページ「実践・エフェクト入門」をご覧ください。

ボーカルエディタを使ったボーカル修正

　ABILITYシリーズには、ボーカルのピッチを簡単に修正できる「ボーカルエディタ」が用意されています。特にバージョン1.5では、「ボーカルエディタV2」に進化し、ノイズの軽減、精度アップ、タイムコンプ・ストレッチ時のアルゴリズムの選択、フォルマントの調整ができるようになりました。

■ボーカルエディタを開く

手順

(1) 録り終わったオーディオデータのリージョンをクリックして選択したあと、右クリックし「ボーカルエディタで開く」をクリックします (①)。

(2)「ボーカルエディタの設定」が開きます。デフォルトのまま「OK」をクリックします (②)。

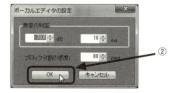

● Chapter 6 オーディオ録音に便利な機能

ボーカルエディタが表示されます。

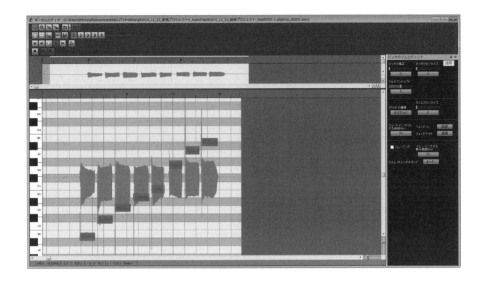

■ ボーカルエディタの概要

ボーカルエディタはピアノロールエディタと同じように、左側の鍵盤で高さ、上側の数字で小節を表しています。

声を音節によって解析し、「ブロック」単位に分解して音の高さを表し、ブロック内での音の揺れを「ピッチライン」として表しています。

修正はとても微妙な操作になるので、修正を始める前にエディタ右下のズームスライダーを使って縦横、両方向ともに拡大しておきましょう。

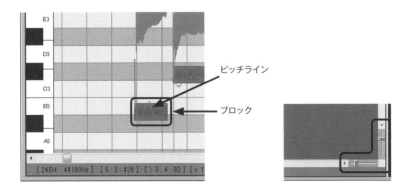

手動でピッチを修正する

ブロックの場合

(手順)

(1) カーソルをブロックに近づけると ↕ になります。
(2) 正しいピッチの位置にドラッグ＆ドロップします。ここではC3の位置です。

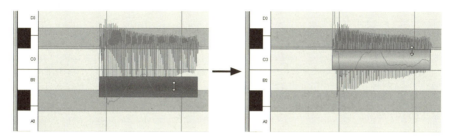

 単純にドラッグすると自由な位置に、Shiftキーを押しながらドラッグすると鍵盤の位置ジャストに移動します。

ピッチラインの場合

「直線」、または「フリーハンド」カーソルを使います。ここでは直線で説明します。

(手順)

(1) ツールバーの「直線」カーソルをクリックします（①）。
(2) ピッチラインをドラッグしてラインを直線にします。

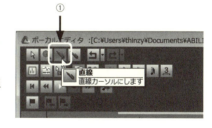

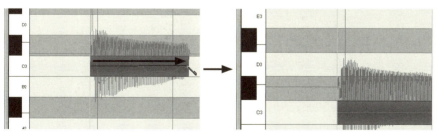

自動でピッチを修正する

エディタ右にあるピッチタイムエディットウィンドウを使います。

表示されていない場合、「表示」>「ピッチタイムエディットウィンドウ」をクリックします。

ピッチタイムエディットでは、「ピッチの矯正」でピッチラインのピッチ、「ピッチクォンタイズ」でブロックのピッチ、「タイムクォンタイズ」でブロックのタイミングを修正します。「グリッドの種類」では、タイムクォンタイズをかける際の音符の単位を選択します。

では、実際にブロックを修正してみましょう。ここでは、修正した状態がわかりやすいよう極端にパラメーターの値を増やします。

(手順)

(1) 矢印カーソルで修正したいブロックをクリックして選択します（①）。

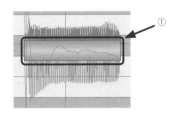

(2)「ピッチの矯正」(②)、「ピッチクォンタイズ」(③)、「タイムクォンタイズ」(④)
のそれぞれのスライダーを右いっぱいにドラッグします。
　「グリッドの種類」は初期設定の「8分グリッド」のままにしておきます(⑤)。
(3)「適用」をクリックします(⑥)。

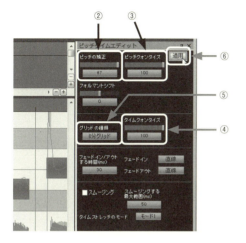

ブロックが正しい位置に修正され、さらにピッチラインもまっすぐになりました。

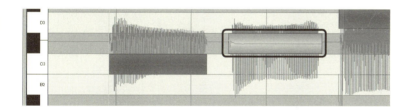

　ピッチクォンタイズとタイムクォンタイズは、ブロックの位置から一番近い音やグリッドに移動します。そのため元の音が修正したい音やグリッドよりかなりはずれていると、思うように修正できないことがあります。その場合には、手動でブロックをドラッグして修正します。

● Chapter 6 オーディオ録音に便利な機能

■ ブロックの分割と結合

　歌い方や歌詞の細かさなどによって思わぬところでブロックに分かれてしまったり、隣の歌詞とくっついてしまったりすることがあります。このような場合にはブロックを分割、あるいは結合させます。

分割

(手順)

(1) 分割したいブロックの上または下でクリックし（①）、緑色のカーソルを分割場所に移動します（②）。
(2)「編集」＞「分割」をクリックします（③）。

　　ブロックが分割されました（④）。

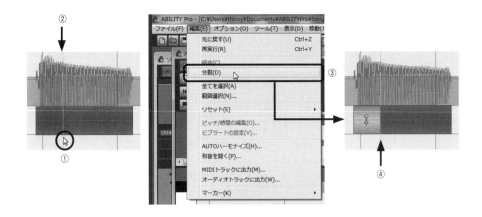

結合

　結合は隣接した後ろのブロックとのみ可能です。

(手順)

(1) 結合したいブロックをドラッグして選択します（①）。
(2)「編集」＞「結合」をクリックします（②）。

Part2 ボーカル録音とピッチ修正、オートハーモニー機能編

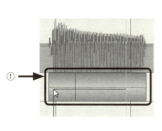

ブロックが結合しました。

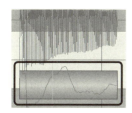

ヒント 結合するとピッチは初期化されます。必要な場合は、もう一度修正してください。

修正した結果を聞くには、ボーカルエディタの「PLAY」ボタンをクリックします。ボーカルだけではなく、ソングにあるデータといっしょに再生するには「ソングと同期」をオン(点灯)にします。

「PLAY」　「ソングと同期」

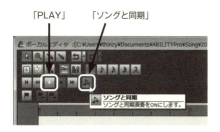

● Chapter 6　オーディオ録音に便利な機能

AUTO ハーモナイズ（ABILITY Pro のみ）

ソングのコードや指定したインターバルで歌にハーモニーを付加することができます。ここでは、コードに合わせてハーモニーをつけ、さらにハーモニーの音量も調整します。

手順

(1) あらかじめソングエディタでコード進行を入力しておきます（①）。

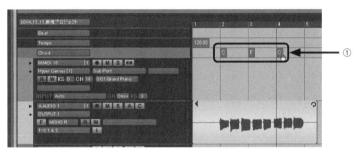

コードの入力については、74 ページを参照してください。

(2)「編集」>「AUTO ハーモナイズ」をクリックします（②）。

　　AUTO ハーモナイズが開きます。

(3) 入力したコードに合わせてハーモニーをつけるので「AUTO HARMONY」にある「CHORD TONE」をクリックして選択します（③）。
(4)「試聴」ボタンで試聴を行います（④）。
　　この画面でハーモニーをミュート（Mute、停止）したり、音量バランスを調整したりできます。ただし、音量バランスはこのあとの作業でも行えるのでミュート以外は操作しなくても大丈夫です。

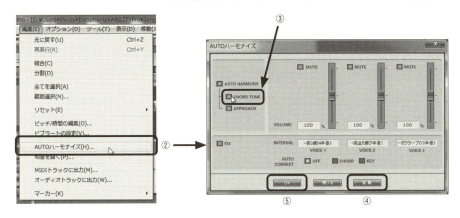

(5) 問題がなければ「OK」をクリックします（上図⑤）。

元の音に3声のハーモニーがつきました。

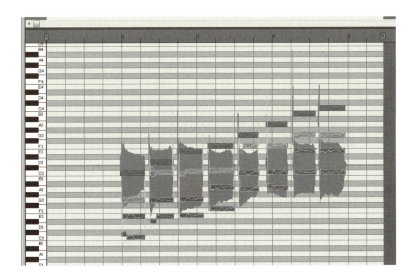

● Chapter 6 オーディオ録音に便利な機能

■ 音量バランスの調整

(手順)

(1)「ミキサーの表示」をクリックします。

　ミキサーが表示されます。左端の「Org」は元の歌、そして「Harm1」から右はハーモニーを示し、それぞれのスライダーで音量を調整できます。ボーカルエディタ上のハーモニーの配色と同じになっているので、修正したいハーモニーを選択しやすくなっています。

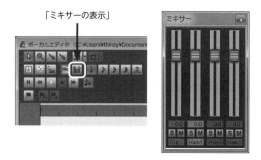

(2) 再生しながら調整しましょう。

■ 編集した内容を保存する

　編集したハーモニーをオーディオトラックに出力します。

(手順)

(1)「編集」>「オーディオトラックに出力」をクリックします(①)。

Part2 ボーカル録音とピッチ修正、オートハーモニー機能編

「オーディオトラックに出力」が開きます。

ここでは、元のボーカルが「原音」、ハーモニーの1～3までが「和音1」～「和音3」と表示されています。「出力」では、原音とハーモニーそれぞれを個別に出力するか、あるいは1つにまとめて出力するかを選択できます（②）。各項目左のチェックマークで出力するかどうかや（③）、出力先のトラック（④）、また「参照」で保存場所を選択できるようになっています（⑤）。

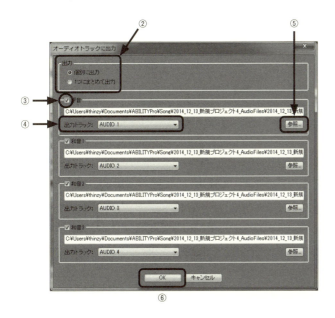

(2) ここでは初期設定のままで「OK」をクリックします（上図⑥）。
(3) 修正前のボーカルに上書きするかどうかのメッセージが表示されます。ここでは「はい」をクリックします（⑦）。この場合ボーカルが修正したものに書き換えられます。

元のデータを書き換えたくない場合、「オーディオトラックに出力」の「参照」で保存する場所や名前を変更するか、「出力トラック」を使用していない別のトラックに設定するなどします。

(4) 処理が終わったらボーカルエディタを閉じます。

ソングに戻ります。修正されたボーカルとハーモニー3トラックが表示されます。

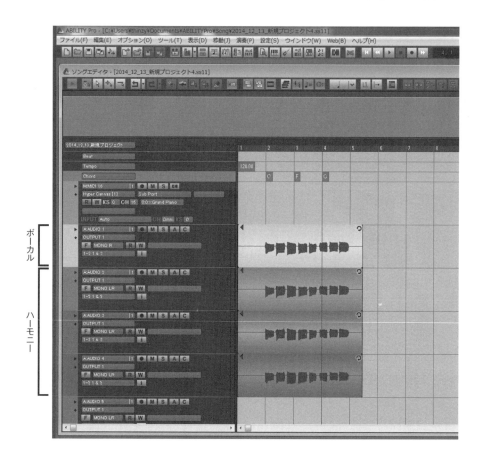

Part3 ビートエディタ編（ABILITY Pro のみ）

Part3
ビートエディタ編（ABILITY Pro のみ）

　ABILITY Proでは、バージョン1.5で「ビートエディタ」という演奏のタイミングを修正する機能が追加されました。リズムを刻むドラムやベース、パーカッション、そしてギターなどの演奏をすばやく効率的に修正することができます。

　ここではギターのコード演奏を修正してみましょう。

■ビートエディタを開く

　リージョンをクリックして選択し、右クリックしてメニューから「ビートエディタで開く」をクリックします。

● Chapter 6 オーディオ録音に便利な機能

ビートエディタが開きます。

ビートエディタは、オーディオデータをアタックラインでスライスして、その位置やピッチを修正することができます。白い線が初期設定では4分音符に設定されているグリッドライン、オレンジの線が自動的に追加されたアタックラインです。アタックラインは追加／削除が可能なので、たとえば、ビートエディタを開いたときに修正したい箇所にアタックラインがなくても追加すれば修正が可能になります。

手動でタイミングを修正する

ここでは現在カーソルで指している波形を修正します。この波形を右側の白いグリッド線の位置に移動すれば、タイミングがジャストとなります。

細かい作業なのでじゅうぶんに拡大しておきます。

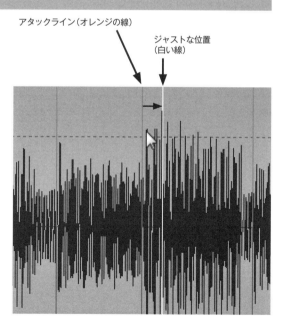

アタックライン（オレンジの線）
ジャストな位置（白い線）

(手順)

(1)「後方固定」がオン(点灯)になっていることを確認し(①)、「グリッドにスナップ」をオンにします(②)。

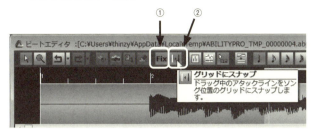

これにより位置を移動してもその後ろにある音は移動せず、かつ移動がグリッド単位になるので正確なタイミングに修正できるようになります。

(2) 修正する波形の先頭にある、オレンジ色のアタックラインにカーソルを近づけると⇔になります。このままドラッグして右へ移動します。
(3) 白いグリッドラインにぴったりと、正しい位置に移動しました。これでタイミングがジャストになりました。

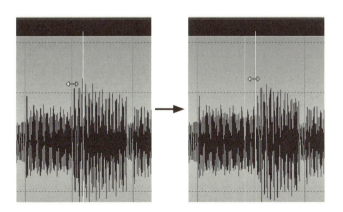

● Chapter 6　オーディオ録音に便利な機能

■アタックラインが表示されていない場合

　リズミックに演奏しているもの、強弱がしっかりついているものはアタックラインが自動的に表示されますが、ややルーズな演奏やあまり強弱がついていない演奏だと、アタックラインが表示されない場合があります。このような場合にはアタックラインを追加して修正します。

　この例では4小節目の先頭の波形はジャストなタイミングなので修正する必要はありませんが、その次の本来2拍目に来る波形が前（左側）に突っ込んでいます。しかしアタックラインがないので、手動で追加します。

(手順)
(1) 波形の幅が小さくなり再び大きくなり始めるところを波形の先頭と判断します。
　　ここでは2つ目の波形の先頭でクリックして（①）位置を指定します（緑のラインが表示されます）。
(2) この状態で、ビートエディタ画面の上部にある「PLAY」ボタンをクリックすると（②）緑のラインの位置から再生されるので、本当に音が始まっている箇所かどうかを確認します。

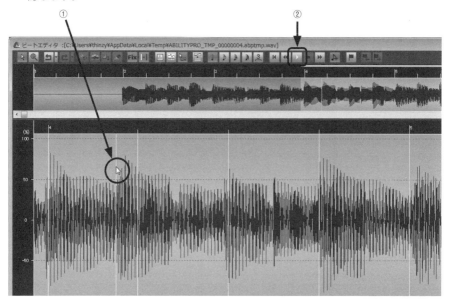

(3) 「編集」＞「アタックラインの追加」をクリックします（③）。オレンジ色のアタックラインが表示されます（④）。

Part3 ビートエディタ編(ABILITY Pro のみ)

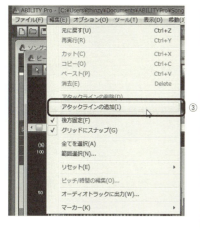

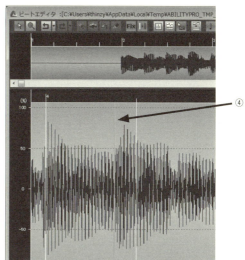

(4) このまま2拍目に位置を移動すると、前方にある音も引っ張られて後ろに下がってしまいます。前の4小節1拍目にある音の先頭でクリックして、こちらもアタックラインを追加します(⑤)。

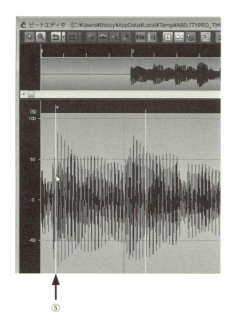

(5) 修正したい2つ目の波形に作成したアタックラインを右へドラッグし、2拍目のグリッドラインぴったりになるよう移動します（⑥）。

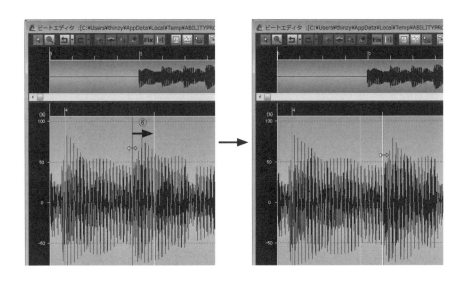

「PLAY」ボタンをクリックして修正した内容を確認しましょう（⑦）。「ソングと同期」がオン（点灯）になっていると（⑧）、ソングにある他のトラックといっしょに再生できます。

Part3 ビートエディタ編（ABILITY Pro のみ）

■オーディオトラックに出力する

編集が済んだら編集した内容を出力します。

(手順)

(1)「編集」>「オーディオトラックに出力」をクリックします（①）。
「オーディオトラックに出力」が開きます。
(2) ここではこのまま「OK」をクリックします（②）。

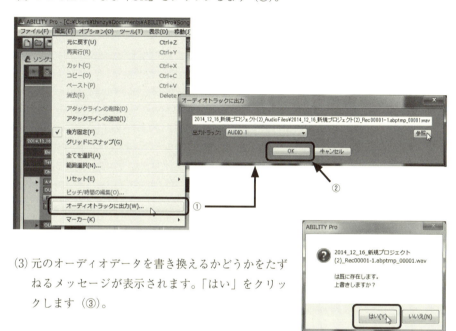

(3) 元のオーディオデータを書き換えるかどうかをたずねるメッセージが表示されます。「はい」をクリックします（③）。

元のデータを書き換えたくない場合、「オーディオトラックに出力」の「参照」で保存する場所や名前を変更するか、「出力トラック」を別のトラックに設定するなどします（④）。

修正が済んだら「閉じる」をクリックしてエディタを閉じます。

Chapter 7

ウェーブエディタによるオーディオ処理

● Chapter 7　ウェーブエディタによるオーディオ処理

Part 1

波形編集編

　Chapter 5 の Part 3 ではリージョンを操作してオーディオを修正しましたが、ここで紹介する「ウェーブエディタ」を使うと、オーディオデータを波形として表示、編集でき、さらにデータフォーマットの変更などの処理が行えます。
　この Part 1 では、各オーディオデータをきれいで適正な状態に編集します。すでに録音済みのデータを修正します。

ウェーブエディタでの波形編集操作

■ウェーブエディタを開く

リージョンにカーソルを近づけて、🖐になったらダブルクリックします。
ウェーブエディタが開きます。

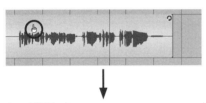

ウェーブエディタ

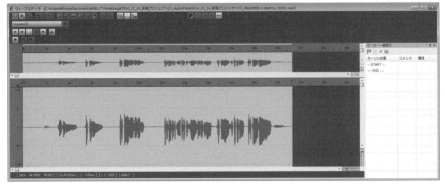

■データの選択

ウェーブエディタでは、波形の一部、または全部を選択した状態で編集を行います。

波形の一部を選択する際には、マウスカーソルでドラッグして選択します。

波形の全部を選択する際には、「編集」＞「全てを選択」をクリックするか、ショートカットである **Ctrl** + **A** キーを押します。

 波形画面の任意の場所をダブルクリックしても、すべてのデータが選択されます。

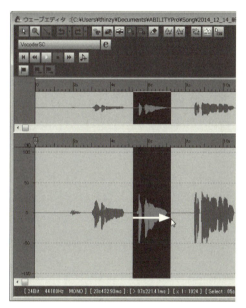

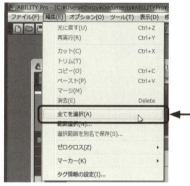

修正した結果を聞くには「PLAY」ボタンをクリックします。ソングにある他のデータといっしょに再生するには「ソングと同期」をオン（点灯）にします。

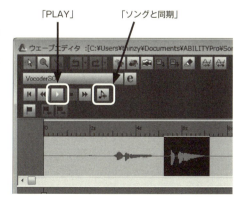

演奏の前後のノイズを消去する 「消去」

(手順)

(1) 演奏が始まる前のノイズ部分をドラッグして選択します（①）。
(2)「消去」をクリックします（②）。
　　ノイズがなくなりました（③）。

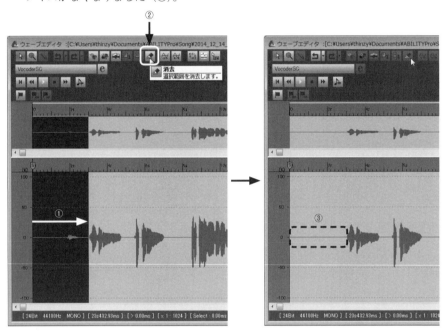

音量を適切なレベルにする 「ノーマライズ」

(手順)

(1) 波形全体を選択します。

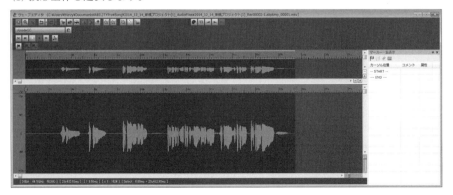

(2)「選択範囲をノーマライズ」をクリックします（①）。

(3)「ノーマライズ」が表示されます。

ノーマライズは波形の中で一番音量が大きいところを、「最大レベル」として設定した音の大きさまで上げます。初期設定では「0 dB」「100％」になっており、この場合「信号が歪む最大ポイントである0 dB まで上げる」ということになります。

通常はこのまま「実行」をクリックします（②）。

ノーマライズが実行され音量が大きくなりました。

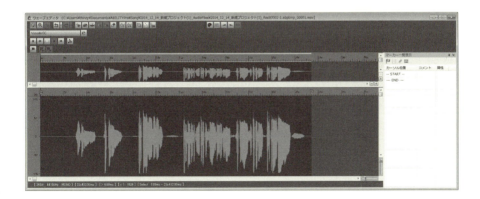

● Chapter 7 ウェーブエディタによるオーディオ処理

■ノイズをカットする 「カット」

ノーマライズを実行すると、それまで目立たなかったノイズ成分の音量が上がり、ノイズとして認識できるようになることがあります。ここでも、演奏が終わったあとのノイズが目立ってしまったので、これを削除します。

消去とカットとは同じように選択した箇所の信号をなくす機能ですが、消去は信号だけを消去するのに対して、カットは選択した部分すべてを削除します。ここでの例のように演奏が終わったあとは波形がなくなっても再生に支障はないので、カットします。

(手順)
(1) 演奏が終わったあとのノイズを選択します (①)。
(2)「カット」をクリックします (②)。

カットが実行され波形の長さも変わりました (③)。

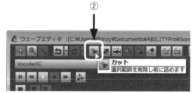
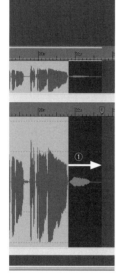
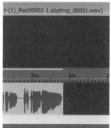

■ 自然な始まり/終わりにする「フェードイン/フェードアウト」

波形編集、特にカットや消去を行った際、音を削除したため突然音が始まる不自然な始まりになってしまったり、あるいは突然音が終わって「ブツ」というノイズが入ってしまうことがあります。それぞれフェードイン/フェードアウトを行い、自然な音にします。

細かな作業になるので、横方向のズームスライダーを右にドラッグして、じゅうぶん拡大しておきましょう。
　拡大すると画面表示が一部の波形のみになることがあります。波形の上、黄緑色のバーをドラッグして目的の箇所へ移動します。

フェードイン

先頭の部分でフェードインを行います。

(手順)

(1) フェードインさせる部分を選択します（①）。
(2)「選択範囲をフェードイン」をクリックします（②）。

「フェードイン」が開きます。「始点」はフェードインの開始時の音量レベル、「終点」はフェードイン終了時の音量レベルです。通常のフェードインは初期設定のままにします。ポイントをドラッグすることでフェードイン効果を表す曲線の角度を変更できますが、これも初期設定のままでいいことがほとんどです。

(3)「実行」をクリックします（③）。

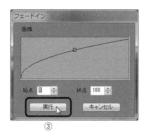

フェードインが実行されます。

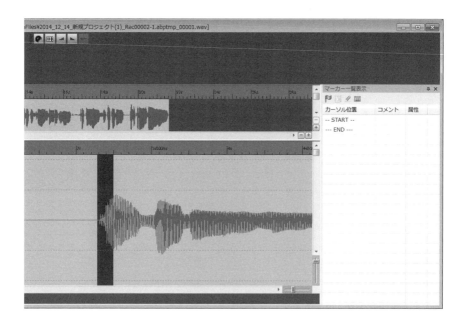

フェードアウト

手順

(1) フェードアウトさせる部分を選択します（①）。
(2)「選択範囲をフェードアウト」をクリックします（②）。
(3)「フェードアウト」が表示されるので、初期設定のまま「実行」をクリックします（③）。

フェードアウトが実行されました。

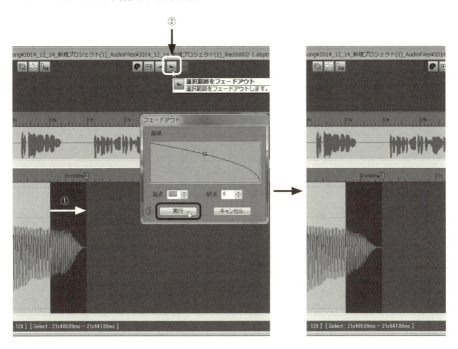

■波形全体を表示する

編集中に波形全体を見たくなったときには、「オーディオファイルを全体表示」をクリックします。

● Chapter 7 ウェーブエディタによるオーディオ処理

選択範囲のトリミング 「切り抜き」

選択範囲のみを残し、その他の部分を削除します。「トリミング」とも言います。

(手順)

(1) 残したい部分を選択します（①）。
(2)「切り抜き」をクリックします（②）。

選択した部分だけが残ります（③）。

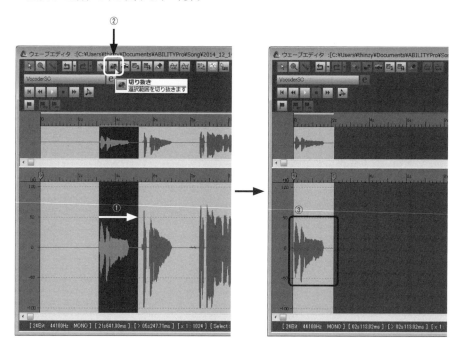

220

■コピーとペースト

選択した範囲をコピーし、指定した場所にペーストします。

(手順)

(1) コピーしたい場所を選択します（①）。
(2) 「コピー」をクリックします（②）。
(3) ペーストしたい場所をクリックして選択します。ここでは先頭にペーストするため、「TOP」をクリックします（③）。
(4) 「ペースト」をクリックします（④）。

先頭にペーストされ（⑤）、波形全体が長くなりました。

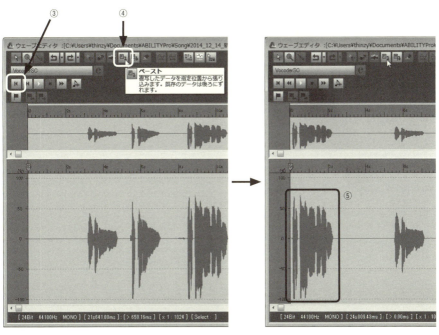

● Chapter 7 ウェーブエディタによるオーディオ処理

　ウェーブエディタ画面には、再生開始を示す「S」と再生終了位置を示す「E」が表示され、この範囲が再生されるようになっています。
　ところが、ここでのコピペの作業により波形が長くなったにもかかわらず、「E」の位置は元のままになっています。

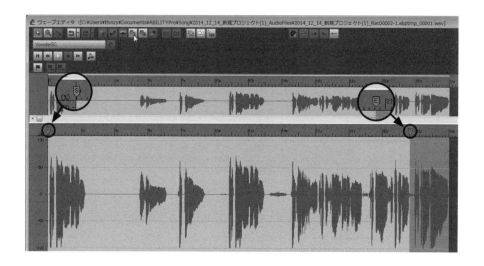

　波形の終わりまで再生させるには、「E」をドラッグして波形の終わりに移動させます。

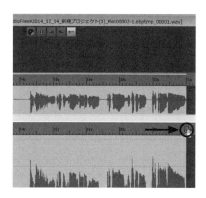

■ 波形と波形をミックスする 「マージ」

コピーした波形を、指定した位置の波形とマージ（ミックス）します。

(手順)
(1) コピー元の波形を選択します（①）。
(2)「コピー」をクリックします（②）。

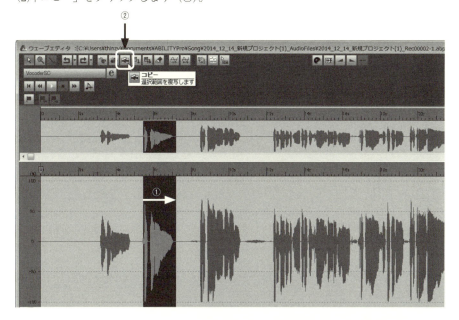

(3) マージしたい箇所の先頭をクリックします（③）。黄緑色のカーソルが表示されます（④）。

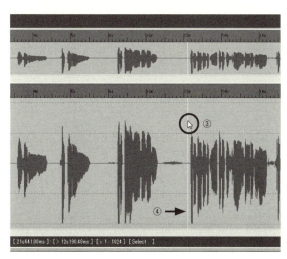

(4)「マージ」をクリックします(⑤)。
(5)「マージペースト」が開きます。

ステレオファイルの場合の左右のバランスを調整したり、モノラルの場合にはマージする方とされる方とのバランスを調整したりすることができます。

ここではマージする方、される方ともそのままの音量にするので初期設定のままにします。「実行」をクリックします(⑥)。

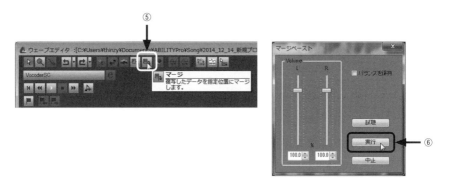

マージが実行されます。

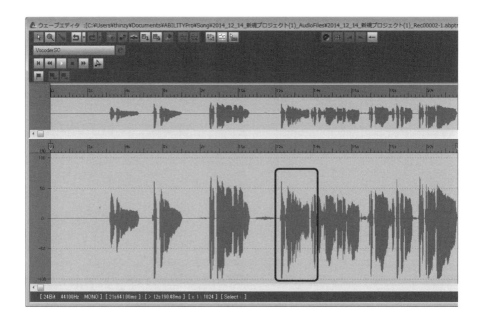

■ゲイン(音量)変更

(手順)

(1) ゲインを変更したい範囲を選択します(①)。
(2) 「選択範囲をゲイン変更」をクリックします(②)。
(3) 「ゲイン」が開きます。

「ゲイン指定」では「dB(デシベル)」または「%(パーセント)」でゲインを指定することができます。dBで調整するより、直感的にパーセントで判断することをお勧めします。

ここでは「150%」として(③)「実行」をクリックします(④)。

ゲインが調整されました。

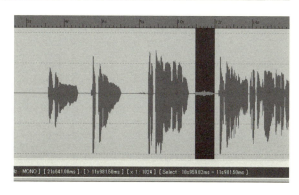

● Chapter 7　ウェーブエディタによるオーディオ処理

■上書き保存

編集した内容を上書き保存しておきます。「ファイル」＞「ウェーブエディタ」＞「上書き保存」をクリックします。

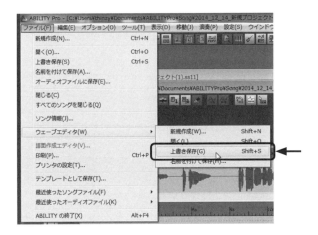

■ウェーブエディタの終了

閉じるボタンをクリックしてウェーブエディタを閉じます。

編集した内容が反映された状態でソングエディタに戻ります。

Part2
書き出し / 読み込み編

フォーマット変更でさまざまなファイルに対応する

　ウェーブエディタは、波形編集だけではなく、オーディオフォーマットやファイル形式を変更する機能も持っています。録音したファイルを他のソフトでも使いたい、あるいは録音したオーディオファイルを、MP3などの圧縮ファイルを扱うポータブルプレーヤーや携帯電話、スマートホンなどで聞きたいというような場合でも対応できます。

■オーディオフォーマットの変更

　現在開いているオーディオファイルをたとえば、他の音楽制作ソフトで使用するためにビットやサンプリングレートを変更することができます。

(手順)

(1) ウェーブエディタが開いた状態で「オプション」＞「フォーマット変更」をクリックします（①）。
(2) 「フォーマット変更」が開きます。録音したファイルの「ビットレゾリューション」は「24Bit」ですが、これをCDなどでも使われているもっとも汎用性の高い「16Bit」に変更します（②）。その他はそのままで大丈夫です。
(3) フォーマットを設定したら「実行」をクリックします（③）。

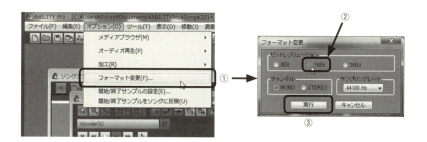

● Chapter 7 ウェーブエディタによるオーディオ処理

■ ファイル形式の変更

ここでは MP3 のファイル形式に変換して、デスクトップへ保存します。

(手順)

(1) ウェーブエディタが開いた状態で、「ファイル」＞「ウェーブエディタ」＞「名前を付けて保存」をクリックします（①）。

(2)「オーディオファイルに名前を付けて保存」が開くので、「デスクトップ」をクリックします（②）。ファイル名は初期設定のままとしました。
(3)「ファイルの種類」をクリックして、メニューから「MP3（*.mp3）」をクリックします（③）。

(4)「ビットレート」をクリックして（④)「ビットレート指定」を開きます。
(5) ビットレートはご使用の機器で扱える数値に設定します。ここでは「192 (kbps)」を選択しました（⑤）。

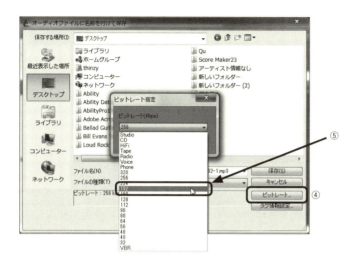

(6)「OK」をクリックします。
(7)「オーディオファイルに名前を付けて保存」に戻るので、「保存」をクリックします。
(8) 保存の設定によってはメッセージが表示されることがあります。ここでは単純に保存するだけなので読み込みは行いません。「いいえ」をクリックします（⑥）。

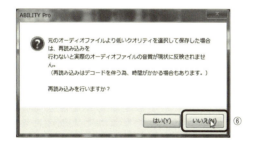

デスクトップに指定したファイル形式で保存されました。

● Chapter 7 ウェーブエディタによるオーディオ処理

オーディオファイルをソングに読み込む

これまでの作業のようにABILITYシリーズで録音したオーディオファイルではなく、デスクトップなどにあるオーディオファイルをソングに読み込んで処理したいこともあります。

■ドラッグ&ドロップによる読み込み

オーディオファイルをソングエディタに直接ドラッグ&ドロップします。あらかじめオーディオトラックを作成してから作業します。

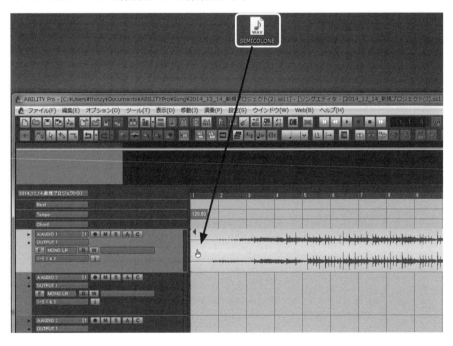

■ファイルを指定して読み込む

ここではAUDIO 1の1小節1拍目に、デスクトップにある「SEMICOLONE」というオーディオファイルを入力します。

(手順)

(1)「オプション」>「オーディオデータの入力」をクリックするか(①)、ソングエディタで読み込みたい場所をダブルクリックします(②)。

Part2 書き出し / 読み込み編

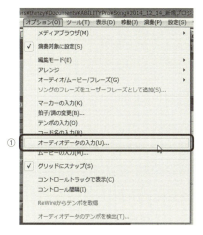
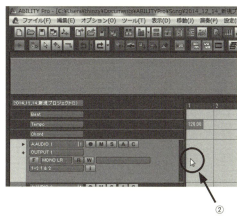

(2)「オーディオデータの入力」が開きます。

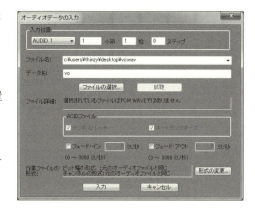

「入力位置」
オーディオデータを入力する位置を指定します。

「ファイル名」
「ファイルの選択」をクリックして読み込むファイルを選択します。

「データ名」
ファイルに名前をつけます。

「試聴」
ファイルを試聴できます。

「ACID ファイル」
ACID ファイルのプロパティが表示されます(180 ページ「ACID Wave とは」参照)。

「フェードイン / アウト」
必要に応じてオーディオデータにフェードイン / アウトを施します。

「形式の変更」
「作業ファイルの形式」で確認し、オーディオファイルの形式を変更します。

● Chapter 7　ウェーブエディタによるオーディオ処理

(3)「ファイルの選択」をクリックし（③）、デスクトップにある「SEMICOLONE」を選択して「開く」をクリックします（④）。

(4) 残りの項目は初期設定のままで「入力」をクリックします（⑤）。

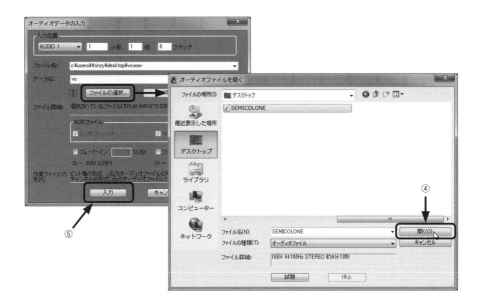

(5)「閉じる」をクリックして（⑥）、「オーディオデータの入力」を閉じます。

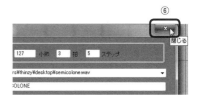

長いオーディオデータの場合、リージョンが少ししか表示されない場合があります。指示した場所へ入力されているか、スクロールして確認してください。

Chapter 8

実践・エフェクト入門

● Chapter 8 実践・エフェクト入門

Part1

基礎編

　波形編集などで音をクリーンアップしたあとは、エフェクトで音を整えたり、個性をつけたりします。この Part 1 では、オーディオトラックに対するエフェクト接続のための準備やその仕組みについて解説します。

エフェクト操作の準備

　ここでは、エフェクトの使い方を学ぶために、新規のプロジェクトでオーディオトラックを作成し、メディアブラウザから「ジャンル」8 ビート、「楽器」ドラムのフレーズ「8BTH_LB02_120BP」を 1 小節目にドラッグ＆ドロップして読み込んでおきます。他のフレーズでもかまいません。
　またすでに曲作りを行っており、その中にドラムトラックが用意されている方はそれをお使いください。

ドラムの音には低域から高域までの広い周波数の音が含まれており、さらにアタックやリリース（余韻）を判断しやすく、エフェクトの実験に向いています。

ループ再生と再生設定

　エフェクト操作は音の変化を確認しながら行います。ループ再生で演奏が続き、音の変化が確認しやすいようにしておきましょう。

　プレイパネルで「選択範囲をループ」をクリックしてオン（点灯）にします。その他、「Pre-roll」や「AUDIO クリック（メトロノーム）」をオフ（消灯）にします。

Part1 基礎編

■ミキサーを開く

エフェクトはミキサーに読み込んで操作します。

「ウインドウ」＞「ウインドウの起動」＞「ミキサー（1）」をクリックします。

 ABILITY Proではミキサーが4つ用意されていますが、通常はこの「ミキサー1」を使用します。ABILITYではミキサーは1つのみです。

ミキサーが開きます。

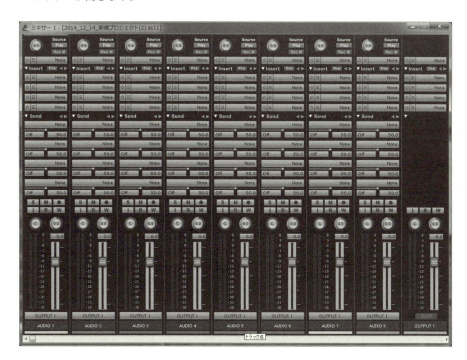

235

エフェクトの種類を知る

　エフェクトは音質を変えたり響きを付加したりするもので、これにより曲に表現力を与えることができます。
　エフェクトはかける場所によって効果が変わります。
　なお、このミキサーのインサートやセンドはオーディオミキサーインスペクタとまったく同じものです。

■インサートエフェクト

　トラックの「インサート（Insert）」という部分に読み込んで、音に対して直接効果をかけます。コンプレッサー、イコライザー、ディストーションなどがそうです。聞こえてくる音はエフェクトによって作り変えられます。

ヒント　インサートは通常の状態では1～4までが表示されており、「▶」をクリックすることで5～8に切り替わります。

■Pre と Post（ABILITY Pro のみ）

インサートでは、Pre（前）と Post（後）に切り替えるスイッチがあります。エフェクトは音量を調整するフェーダーの前にするか後ろにするかでエフェクトのかかり方が変わります。ミックスの際、フェーダーの音量を操作して音が変わると調整がしにくいので、通常は初期設定の「Pre」のままで操作します（ABILITYは「Pre」のみです）。

■センドエフェクト

後述するFXトラックにエフェクトを読み込み、トラックの音を分岐させた「センド」という回路からそのFXトラックに信号を送り、トラック音の一部にだけ効果をかけます。リバーブやディレイなどがそうです。聞こえてくる音は「元の音＋エフェクトの音」になります。

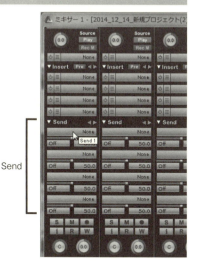

> **ヒント** センドは通常の状態では1～4までが表示されており、「▶」をクリックすることで5～8に切り替わります。

Part2
インサートエフェクト編

■インサートエフェクトの読み込み

インサートの一番上の「None」と表示されているスロットをクリックして、メニューから選択します。

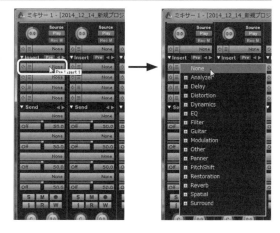

イコライザー

イコライザー（EQ）は周波数を増減して音質を変えるエフェクトです。音質を補正したり、目的の音を作ったりすることに使われます。

■パラメトリックとグラフィック

イコライザーは大きく分けると、パラメトリックタイプとグラフィックタイプに分かれます。ABILITYシリーズでは、2BandEQ、6BandEQ、SonnoxEQ（ABILITY Proのみ）がパラメトリックで、GraphicEQがグラフィックです。

■それぞれの特長

パラメトリックタイプは、操作する周波数を自由に変更でき、グラフィックタイプは周波数が固定されているものの視覚的(Graphic)に周波数の状態を確認できるのが特長です。

■バンド数

イコライザーの「Band(バンド)」とは周波数帯域のことで、この数が多いほど調整できる周波数が多くなるので綿密な音作りができます。

イコライザーの使い方

■2BandEQで効果を確かめる

(手順)

(1) Insert欄の一番上のスロットをクリックし、メニューから「EQ」>「2BandEQ」をクリックします(①)。2BandEQが表示されます。
(2) プリセット欄をクリックして「Kick-L」をクリックします(②)。
(3) 再生させながら2BandEQの電源スイッチをクリックして(③)オン(点灯)オフ(消灯)を切り替えながら、音がどう変わるかを確認します。

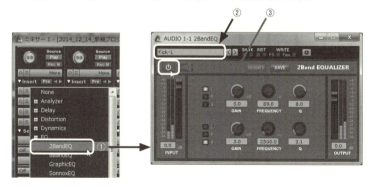

オンにするとキック(バスドラム)の音がグンと前に出てきて迫力が加わるのがわかるはずです。プリセットの名前からも「Kick」を強調したものであるというのがわかります。

効果が確認できたら再生を停止します。

■ EQ の状態を見る

2BandEQ は上側と下側でそれぞれ調整する周波数を設定できます。

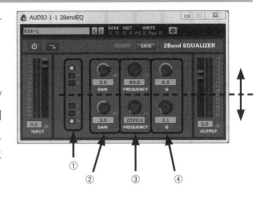

① 「L」、「P」、「H」

EQ の種類を選択します。それぞれ「Low（低域）」「P（設定した周波数）」「High（高域）」となっており、現在は上側が「L」、下側が「H」になっています。

② 「GAIN」

信号を強める（ブースト）か弱める（カット）かを調整します。数値が大きくなるほど強め、マイナスがつくと弱めます。単位は dB（デシベル）です。

③ 「FREQUENCY」

周波数を設定します。数字が大きくなるほど周波数が高くなります。単位は「Hz（ヘルツ）」です。

④ 「Q」

周波数の幅を設定します。数字が大きくなるほど広範囲になります。単位は特にありません。

■ EQ を操作してみる

再生しながら次の操作をしてみましょう。

(実験1)

上側の GAIN を左回りにドラッグして、マイナスの値にします。

キックがペタペタした音になり、低音がなくスカスカになるのがわかります。つまり、現在の周波数「89.0Hz」以下には、キックの成分が多く含まれているということになります。

確認できたら、GAIN の値を元の「5.0」に戻します。

実験2

下側のGAINを左回りにドラッグして、マイナスの値にします。

全体的にこもった音になり、特にシンバルが小さくなったのがわかります。これはつまり現在の周波数「2500Hz」より上には、シンバルの成分が特に多く含まれているということになります。

確認できたら再生を停止しておきましょう。この下側のバンドは次の項目でGAINを調整するので、ツマミはそのままにしておきます。

■プリセットを変更してスネアを強調する

それではEQ操作の応用として、このプリセットに変更を加えてスネアを強調してみましょう。再生しながら操作します。

手順

(1) 下側のバンドのEQの種類で「P」をクリックして選択します(①)。
(2) GAINを「5」付近に設定します(②)。

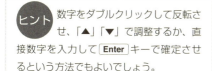
ヒント　数字をダブルクリックして反転させ、「▲」「▼」で調整するか、直接数字を入力して Enter キーで確定させるという方法でもよいでしょう。

(3) FREQUENCYをドラッグして「1000」前後にします(③)。

スネアの音のアタックが強まりシャープな感じになります。
このようにEQは目的とする周波数設定が大切です。ドラムといういくつかのパーツが集まっている音で、周波数を変更するだけでキックやシンバル、スネアなどから、特定のパーツを強めたり弱めたりすることができるのです。
効果を確認したら、このあと、別の作業をするので2BandEQの電源スイッチをクリックしてオフにしておきましょう。

EQ 操作に慣れてきたら

よりバンド数が多い「6BandEQ」を試してみましょう。周波数の状態がグラフで表示されており、ポイントを上下にドラッグすることでブーストやカットの操作が行えます。

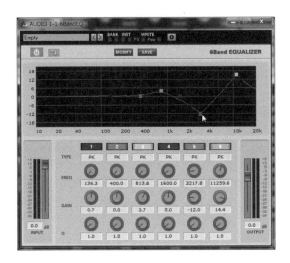

次にコンプレッサーを操作するので、元の音に戻すために6BandEQの電源スイッチをオフしておきます。

コンプレッサー

　コンプレッサーは音を圧縮することで音の聞こえ方を変えるエフェクトです。圧縮の際のパラメーター設定により、アタックを強めたり弱めたり、音を前に出したり引っ込めたりなどの効果が出せます。

■ さまざまな呼び名

　「コンプレッサー」、略して「コンプ」という呼び方が一般的ですが、圧縮率が高いものを特に「リミッター」と呼ぶこともあります。また、コンプレッサーから派生した「エクスパンダー」、設定した音量以下になると音をカットする「ゲート」、コンプレッサーを周波数ごとに組み込んでより綿密な圧縮が行える「マルチ（バンド）コンプレッサー」などがあり、目的もそれぞれですが、音の強弱を操作することから「ダイナミクス（Dynamics）系エフェクト」というカテゴリーとして分類されます。ABILITYシリーズでも「Dynamics」フォルダの中にエフェクトが用意されています。

コンプレッサーの使い方

■ Compressor で効果を確かめる

(手順)

(1) Insert 欄の 2 番目のスロットをクリックし、メニューから「Dynamics」＞「Compressor」をクリックします（①）。Compressor が表示されます。
(2) Compressor にはドラム用のプリセットはありません。ここではコンプレッサーの効果を確認するため、代わりに「Vocal」をクリックします（②）。
(3) 再生させながら、Compressor の電源スイッチをクリックして（③）オン（点灯）オフ（消灯）してみて音がどう変わるかを確認します。

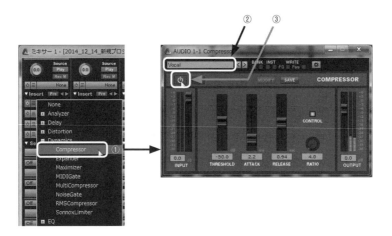

　オンにするとキックの音に「パチン」というアタック音が付加されて、歯切れの良い感じになるのがわかるはずです。また全体的に音が大きくなり、迫力が加わっているのもわかります。

　効果が確認できたら再生を停止します。

■コンプレッサーの状態を見る

① 「THRESHOLD（スレッショルド）」

圧縮がかかり始める音量レベルを調整します。数値が低くなる（マイナス方向）ほど、小さい音量にも圧縮がかかります。単位はdB（デシベル）です。

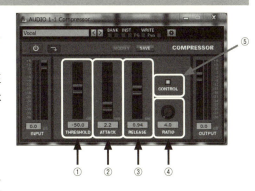

② 「ATTACK（アタック）」

圧縮が始まるまでの時間を調整します。単位は「ms（ミリセコンド）」です。

③ 「RELEASE（リリース）」

THRESHOLDで設定した音量より小さくなったときに、圧縮が終わる時間を調整します。単位は「ms（ミリセコンド）」です。

それぞれのスライダーを上にドラッグすると数値が大きくなり、下にドラッグすると数値が小さくなります。

④ 「RATIO（レシオ）」

圧縮率です。数値が大きいほど圧縮率が高くなります。

⑤ 「CONTROL」

オン（点灯）の状態で、ステレオ信号の左右の音を同じ動作で処理します。

コンプレッサーを操作してみる

再生しながら次の操作をしてみましょう。

(実験1)

ATTACKのスライダーを下いっぱいの位置にドラッグします。

このプリセットの特徴だったキックのアタックが消えて、全体的に重たい雰囲気になります。

(実験2)

RELEASEのスライダーを下いっぱいの位置にドラッグします。

全体的にギクシャクした感じになります。

(実験3)

RATIOのツマミを右回りにドラッグして「30」前後にします。

音が大きく、そして荒れたような感じになります。

(実験4)

THRESHOLDを上いっぱいにドラッグします。

コンプレッサーの効果がなくなります。

コンプレッサーの動作は設定により極端に変化しますが、

- ・ATTACKを「0」にするとアタック感がなくなる。
- ・RELEASEは短くなると余韻が不自然になる。
- ・RATIOが大きくなると荒れた感じになる。
- ・THRESHOLDが大きくなると効果がかからない。

というのが基本的な動作です。

これを参考に、ゼロからから独自のドラム用プリセットを作ってみましょう。

■ ドラム用の設定にする

ここでは、音が前に出てさらに全体的に張りのある音を目指します。再生しながら操作します。

(手順)

(1) プリセットから「Empty」を選択します (①)。

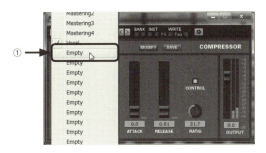

(2) RATIOを「10」前後にします (②)。RATIOは圧縮効果そのものなので、ある程度上げておかないと他のパラメーターを操作しても音が変わらないため、仮の設定です。

(3) THRESHOLDを下げていきます(③)。「-10」前後で音に迫力が出るのがわかるはずです。「-12.0」に設定します。
(4) ATTACKを上げていきます(④)。スネアの音に注目してアタック感が強まるところにします。ここでは「3.6」にしました。
(5) RELEASEを上げていきます(⑤)。スネアの音に注目して、余韻が「パ」から「パン」となるところにします。ここでは「0.31」にしました。

ここでは、穏やかな音作りに留めましたが、極端に効果をかけたい場合にはTHRESHOLDを下げ、RATIOを上げると良いでしょう。ただし、コンプレサーはかけ過ぎると抑揚がなくなるので注意しましょう。

■ コンプレッサーの操作に慣れるには
前項でのセッティングを参考に、いろいろな楽器の音でATTACKタイムを調整してみましょう。このアタックを出すか出さないかで音楽としての印象が変わってきます。また「音が際立つ」「音が馴染(なじ)む」という相反する効果をATTACKタイムだけで演出できることがわかるはずです。

Part3
センドエフェクト編

センドエフェクト

　センドエフェクトは、チャンネルのセンド回路からエフェクトへと音を送ってエフェクトをかけ、その音がミキサーで元の音とミックスされてエフェクトがかかる仕組みになっています。このようにすると、1つのエフェクトを各トラックで共有できるため音の統制がとりやすく、またエフェクトが1つで済むためCPUの節約にもつながり、さらにトラックからの音とエフェクトの音がミキサーの中で分かれるため音の分離が良くなるという利点もあります。

■センドエフェクトの読み込み
　センドエフェクトは専用のトラック、「FXトラック」を作成して読み込みます。

(手順)
(1) 任意のトラック上で右クリックし、メニューから「トラックの追加」>「FX」をクリックします(①)。
　　「FXトラックの追加」が開きます。
(2) ここでは、使用するトラックは「1」、ミキサーナンバーは「1」という初期設定のままで「追加」をクリックします(②)。

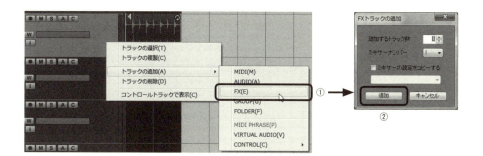

● Chapter 8 実践・エフェクト入門

トラックの一番下に「FX」というトラックが作成されました（③）。

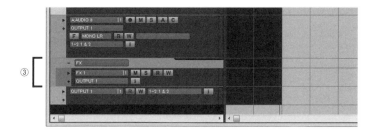

(3) ミキサーを表示すると右端に「FX 1」が追加されています（④）。

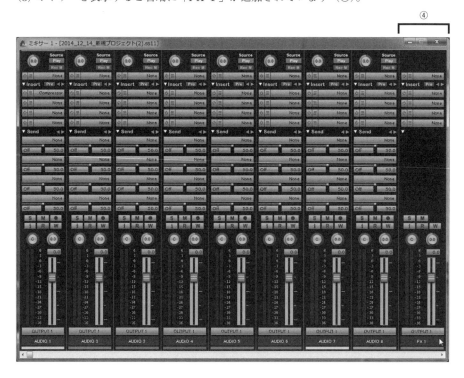

> **ヒント** 通常のインサートエフェクトはかけたいトラックのインサートに直接読み込むのに対し、ここで説明しているセンドエフェクトは別のトラック（FXトラック）のインサートに読み込み、そこに各トラックから信号をセンドで送ります。

(4) FXトラックのInsert一番上の「None」と表示されているスロットをクリックして（⑤）、メニューから「Reverb」＞「Reverb」をクリックします（⑥）。

(5) Reverbが表示されます。プリセットには「Small-R（スモールルーム、小さい部屋）」が選択されています（⑦）。

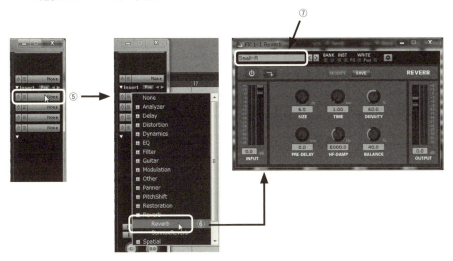

(6)「BALANCE」では、トラックからの音とリバーブ音のバランスを調整します。センド経由の場合には、必ずツマミを右いっぱいに回して「100％」にします（⑧）。

● Chapter 8 実践・エフェクト入門

■センド設定

ここではAUDIO 1からFXトラックに音を送ります。

(手順)

(1) ミキサーのAUDIO 1で、「Send」の一番上のスロットの「None」をクリックします（①）。
(2) メニューからセンド先である「FX」をクリックします（②）。

スロットに「FX1」と表示され、操作するまで「Off」となっていたスイッチが自動的に「Pre」となりオン（点灯）になりました（③）。

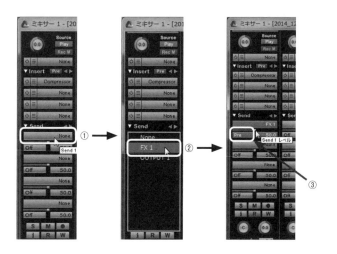

> ヒント 「Pre」をクリックすると「Post」「Off」に切り替えることができます。ここでの「Pre」「Post」もインサートの場合と同じで、フェーダーの前か後かということです。フェーダーでの音量調整でエフェクトのかかり方が変わるとミックスの際に調整が難しくなるので、通常は「Pre」のままにしておきます。

■ リバーブ量の調整

この初期状態ではFXトラックへの「Send 1レベル（送る音の量）」は自動的に「50」になっており、深くかかる設定になっています。再生させながら、スライダーを左へドラッグして気持ちよく響く「20」程度にしてみましょう。

■ リバーブの調整

ここまではプリセットでBALANCEの量を変更しただけですが、リバーブ自体の設定を変更することもできます。

「SIZE（サイズ）」

残響が響いている部屋の大きさを調整します。右に回して数値が大きくなるほど大きな部屋になります。単位は「m（メートル）」です。

「TIME（タイム）」

残響成分の長さです。右に回して数値が大きくなるほど長くなります。単位は「sec（セコンド、秒）」です。

「DENSITY（デンシティ）」

残響成分の密度です。右に回して数値が大きくなるほど密度が濃くなります。単位は「%（パーセント）」です。

「PRE-DELAY（プリディレイ）」

リバーブが鳴り始めるまでの時間です。右に回して数値が大きくなるほどリバーブが鳴り始めるのが遅くなります。結果、元の音との分離が良くなるのと同時に大きな部屋で響いているように聞こえます。

「HF-DAMP（ハイダンプ）」

設定した周波数よりも高域を減衰させてリバーブ音を落ち着かせます。単位は「Hz」です。

「BALANCE（バランス）」

センドから送られてくる音と付加するリバーブ音のバランスです。右に回して数値が大きくなるほどリバーブ成分が増えます。単位は「%（パーセント）」です。

● Chapter 8 実践・エフェクト入門

■ プリセットを試す

プリセット欄をクリックすると、部屋の大きさである「Small」「Medium」「Large」、そしてボーカル向け「Vocal」などのプリセットが用意されているので試してみましょう。

■ リバーブを操作してみる

　初期設定で読み込まれるプリセット「Small-R」は小さい部屋なので、ツマミを操作してもう少し大きい部屋の響きになるよう調整してみましょう。再生しながら次の操作をしてみましょう。

(手順)

(1)「TIME」のツマミを右回りにドラッグして「3」前後に増やしてみましょう（①）。
　　リバーブの余韻が長くなり響いている部屋が大きくなったように聞こえます。
(2)「HF-DAMP」を右回りにドラッグして「12000」前後に増やしてみます（②）。
　　リバーブの高域成分が増えることにより、特にスネアのリバーブ音が目立つようになります。

Part4
VST インストゥルメントトラック編

VST インストゥルメントのエフェクトの使用

　ミキサーのMIDIトラック用のチャンネルにはインサートやセンドの機能はありません。

MIDIトラック用のチャンネル

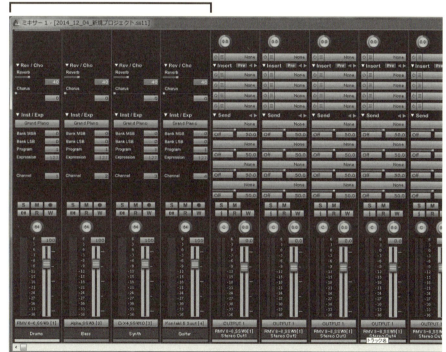

　オーディオトラックと同じようにMIDIトラックにインサートやセンドエフェクトをかけるには、使用しているVSTインストゥルメントの音が出力されるオーディオチャンネルを使います。

●Chapter 8 実践・エフェクト入門

　たとえば、Chapter 3で作成した曲では、1トラック目のDrumに「RMV」を使用しましたが、このDrumsの実際の音は、「RMV8-8_SSW9 [1] Stereo Out1」というオーディオチャンネルから出ています。
　よってエフェクトをかけるには、オーディオチャンネルでインサートやセンドの設定を行います。

　またVSTインストゥルメントの中には、その内部にエフェクトが装備されているものがあります。たとえば、Kontakt 5ではINSTRUMENT FXとMASTER FXが装備されている音色があります。
　このような場合、音色を変化させているインサートエフェクト（コンプレッサー、イコライザー、ディストーションなど）はかけたままにしますが、リバーブなどの残響系は他のトラックの楽器と共にソングのミキサーでかけた方が、統一感が出るのでオフにした方が良いでしょう。

Part4 VST インストゥルメントトラック編

INSTRUMENT FX　　　MASTER FX

● Chapter 8 実践・エフェクト入門

Part5
Sonnox 社プラグインエフェクト（ABILITY Pro のみ）

　ABILITY Proには、世界のプロの現場で使われているSONNOX社のプラグインエフェクトが付属しています。ノイズ除去に効果を発揮するRestorationシリーズも加え、計6機種が搭載されています。音作りや補正に活用してください。

■ Sonnox Limiter

　マスターチャンネルの最終出力での使用を前提に開発されたプラグインです。マスタリング作業で、音圧をアップさせたいときに使うと効果抜群です。

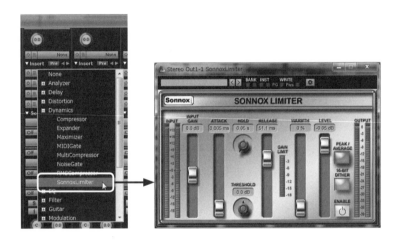

Part5 Sonnox社プラグインエフェクト（ABILITY Proのみ）

Sonnox EQUALISER&FILTERS

3バンドのEQにLowとHighの信号を除去するフィルターを加えた構成のイコライザーです。

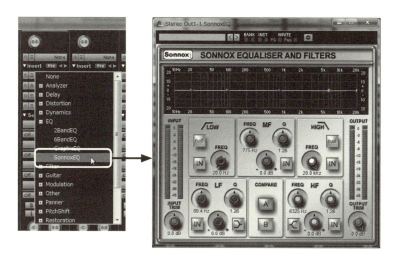

Sonnox Reverb

歪みのないクリアな音質が自慢。ABILITY Pro用のプリセットも収録されたリバーブです。

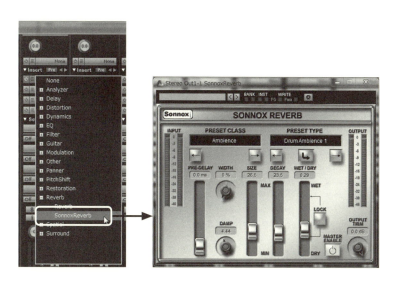

● Chapter 8　実践・エフェクト入門

■ Sonnox Retraction シリーズ

　ノイズ除去に特化したシチュエーションに応じた「Sonnox De-Noiser」「Sonnox De-Buzzer」「Sonnox De-Clicker」の3タイプを用意。

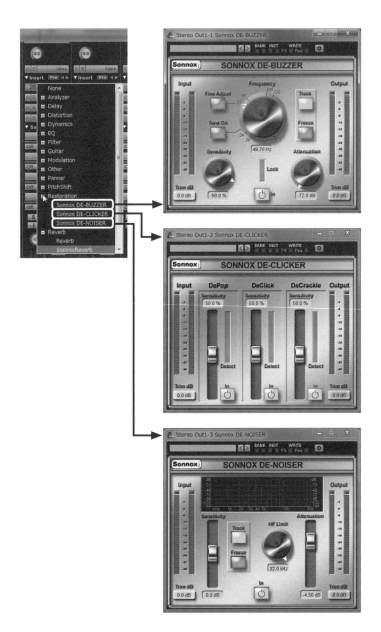

Chapter 9

ミックスダウン

● Chapter 9　ミックスダウン

Part1

基礎調整編

　波形の編集やエフェクトの設定をして各トラックが完璧の状態になったら、最後はいよいよミックスに入ります。ここではごく基本的な編成でのミックスの基礎を解説しますが、基本を学んだら編成、曲調、ジャンルに合わせて自分なりに調整してみてください。

曲の構成を見る

　ここでは、ごくシンプルにDrums、Bass、Guitar、Vocal、MIDI Syn（エレピ、VSTインストゥルメント「Alpha_SSW9」を使用）という編成です。すでに各トラックのインサートでは、コンプレッサーやイコライザーによって音作りが済み、センドによってリバーブも設定してあり、あとは音量とパンを調整するだけ、という状態です。

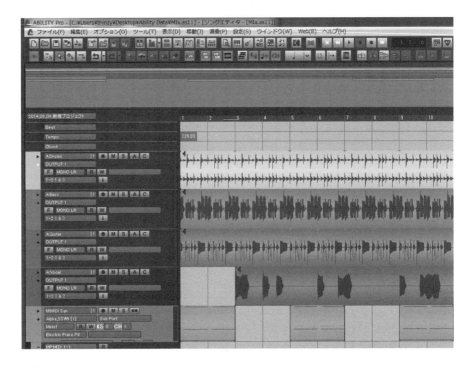

■ミキサーを開く

「ウインドウ」>「ウインドウを開く」>「ミキサー1」をクリックしてミキサーを開きます。

ミキサーが開きます。

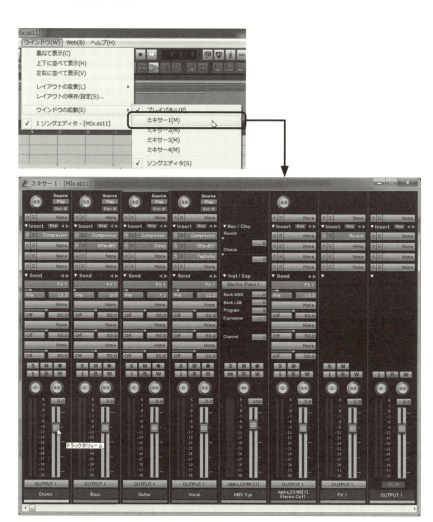

 ミキサーでは操作する部分を「チャンネル」と呼ぶこともありますが、ここでの操作では「トラック」と統一することにします。

● Chapter 9　ミックスダウン

音量の調整

　音量の調整はドラム、ベースという順番で始め、ギターやキーボード、そして最後がボーカルというのが基本です。

■トラックボリューム

　トラックの音量の調整はトラックボリュームのツマミ（フェーダー）をドラッグすることで行います。上にドラッグすると音が大きく、下にドラッグすると音が小さくなります。

　ボリュームは、フェーダー上の□に数値で表示されており、初期設定ではオーディオトラックは「0.0」、MIDIトラック（ここではMIDI Syn）は「100」です。オーディオトラックの「0.0」は、元の音量を増加させたり減少させたりしていないという意味です。

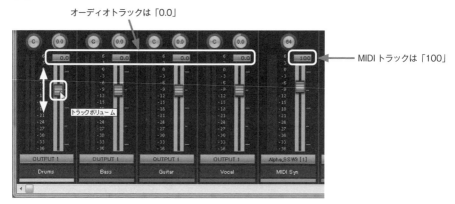

オーディオトラックは「0.0」

MIDIトラックは「100」

■アウトプットトリム

　オーディオトラックには「アウトプットトリム」があり、ここでも音量を調整できますが、これは極端に出力が大きかったり小さかったりするときにだけ調整します。通常はこのトリムを動かさずに済むよう、Chapter 7 Part 1「ウェーブエディタによるオーディオ処理」を参照して、適正な状態に調整しておきます。

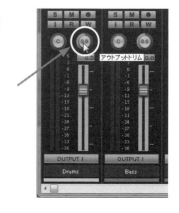

■MIDI トラックとオーディオトラック

MIDI トラック（ここでは MIDI Syn）にはオーディオ信号が通っておらず、実際に音が鳴っているのは「Alpha_SSW9」というトラックです。エフェクトはこのオーディオトラックに読み込み、音量などの調整もこの「Alpha_SSW9」のトラックで行います。よって、MIDI Syn のトラックでは音量調整の操作をしません。

> **ヒント** MIDI トラックの作成の順番によっては、MIDI トラックとその音が鳴るオーディオトラックが離れてしまう場合があります。MIDI トラックの「出力デバイス名」にある VST インストゥルメントの名前と、オーディオトラックのトラック名を確認して、どのトラックを操作するのかを確認してください。

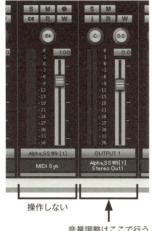

操作しない　　音量調整はここで行う

■OUTPUT トラック

ミキサーの右端には「OUTPUT」というトラックがあります。これは別名「マスタートラック」と呼ばれ、すべてのトラックの音が集まり、外部（ここではオーディオインターフェース）に出力するためのトラックです。ここのトラックボリュームは通常「0.0」のままにしておきます。

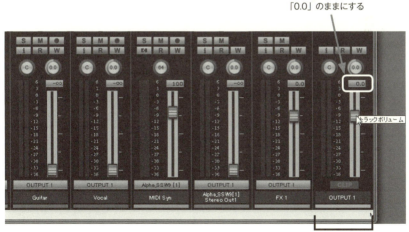

「0.0」のままにする

OUTPUT トラック

● Chapter 9　ミックスダウン

■音量調整の手順

　始めに説明した通り、ドラム、ベース、ギター、キーボード、ボーカルの順に調整していきます。

(手順)

(1) ミックスダウンでは何度も繰り返して再生します。プレイパネルでループ設定を行っておくと良いでしょう（①）。

(2) Drums と、FX1、OUTPUT1 以外のすべてのトラックのフェーダーを一番下まで下げます。

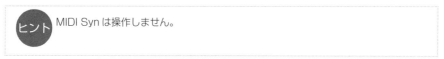

> ヒント　MIDI Syn は操作しません。

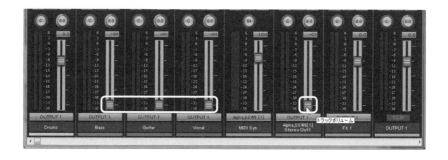

> ヒント　フェーダーを一番下にすると、上の数値は「−∞（無限大）」になります。これは音が通らないように抵抗を最大（無限大）にする、というアナログミキサーの頃の考えを踏襲していると言われています。

(3) 再生しながら、一番音量が上がったときに OUTPUT 1 のメーターが「-15」～「-12」の範囲に収まるよう（②）、Drums のフェーダーを調整します（③）。

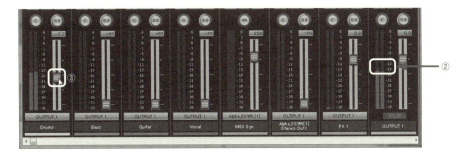

(4) 次に Bass のフェーダーを上げていき (④)、ドラムの中でもキックの音と同じくらいの音量で、なおかつ OUTPUT 1 のメーターが「-6」近辺で収まるようにします (⑤)。

(5) Guitar と、MIDI Syn の出力先である「Alpha_SSW9」のフェーダーを上げていき (⑥⑦)、OUTPUT 1 のメーターが「-3」以下に収まるようにします (⑧)。

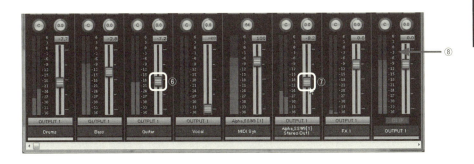

(6) Vocal のフェーダーを上げていき（⑨）、一番声が大きく聞こえるところで OUTPUT 1 のメーターが「0」を超えないように調整します（⑩）。

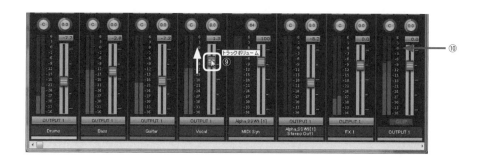

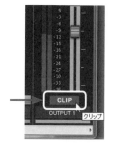

　OUTPUT 1 のメーターが「0」を超えると、「CLIP（クリップ）」が点灯します。デジタル信号は「0（dB）」を超えると、音が歪んでしまいます。その注意のためのボタンです。このボタンが点灯したときには、ボタンをクリックして消灯させ、次項を参考に調整してみてください。

音量調整がうまくいかない原因

　以上の手順で音量調整がうまくいかない場合は、次の 2 点を確認してみましょう。

EQ で低域を強調し過ぎている

　低域に対して耳の反応が鈍いので、あまり音量が出ていないと思っても実際にはエネルギーが大きく、ちょっと強調するだけでいつの間にか音量的に大きくなっていることがあります。特にキックやベース、シンセサイザーの左手などの低音の音量を下げるか、イコライザーで低域を弱めてみましょう。

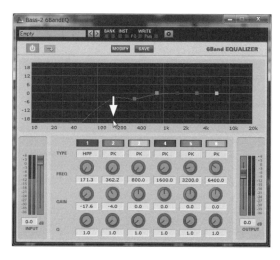

ボーカルの音量の揺れが大きい

　ボーカルは音楽の中でもっとも感情を表すパートですが、歌うことに慣れていないと、極端に音量が大きくなったり小さくなったりしてしまいがちです。そうすると、小さいところに音量を合わせると、大きいところで音量オーバーになります。この場合コンプレッサーを使い、THRESHOLDを下げて、RATIOを上げます。こうすることで音量が均一化し、さらに全体的に音量を抑えてくれるので、安定した音量になります。

■ソロとミュートを活用しよう

　調整を行っていると、あるチャンネルだけを聞いて調整したい、または逆にあるチャンネルだけを消音したい、ということがあります。特定のチャンネルだけを聞くにはそのチャンネルの「S（Solo、ソロ）」ボタンをクリックしてオン（青く点灯）にします。消音するには「M（Mute、ミュート）」ボタンをクリックしてオン（緑に点灯）にします。

「S（Solo、ソロ）」ボタン

「M（Mute、ミュート）」ボタン

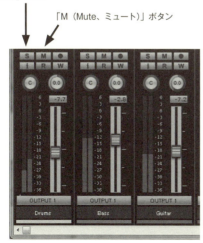

● Chapter 9 ミックスダウン

パンポット（定位）の調整

　パンポット（略して「パン」と言う）とは、ステレオスピーカーで左右のどこから音が聞こえてくるかを調整するものです。初期設定では「C（Center、センター、中央）」と表示され、中央から聞こえてきます。ツマミを左右にドラッグして調整します。

　通常のバンド編成の場合、ドラムとベースとボーカルは中央に、和音やフレーズを奏でている楽器を左右に振り分けます。ここではギターとMIDI Synをそれぞれ「L（Left、レフト、左）60」「R（Right、ライト、右）60」というように同じ割合ずつ左右に振りました。

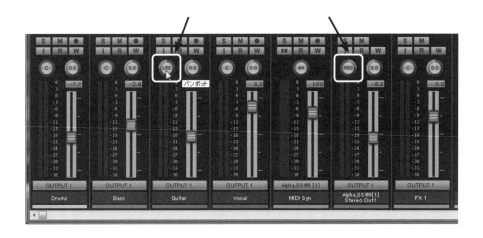

　ここではシンプルな編成を例に説明したのでパン操作もシンプルですが、楽器が増えてきた場合には、左右の重ならない位置に、そしてどちらかに音量が偏らないように振り分けていきます。
　また、初期設定では中央に集中して聞こえにくかった音が、左右に振り分けることで独立し、音量が大きく聞こえることがあります。その場合は、再度音量を調整しなおしてください。

Part2

オートメーション編

オートメーション

　曲は進行に合わせて変化していくものです。ミックスでも、その曲の変化に合わせて音量、パン、エフェクトなどの設定を変えていけば、より躍動感のある曲に仕上がることでしょう。

■フェーダーのオートメーション（リアルタイム）

　曲を再生させながら、パラメーターのツマミなどを動かすとその動きが記録され、再生するとその動きが再現されます。ここでは、ギターが曲の始まりから少しずつフェードインするように、フェーダーの動きをオートメーションに記録してみましょう。

〔手順〕

(1) Guitarの「W（オートメーションWrite）」ボタンをクリックしてオン（点灯）にします（①）。
(2) Guitarのフェーダーを一番下にドラッグします（②）。
(3) 曲を再生させ、フェーダーを徐々に上げていきます（③）。

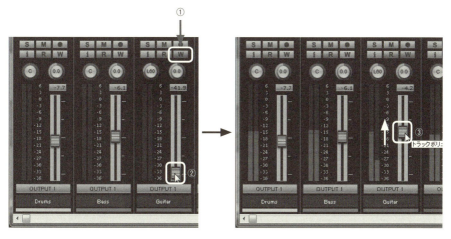

(4) 操作が済んだら「W」ボタンをクリックして消灯させます。

曲を再生して確認してみましょう。

なお、オートメーションを書き込んだデータを読み込むには「R（オートメーション Read）」ボタンをオン（点灯）にします。通常このボタンは初期設定でオンになっています。

■オートメーションの修正

オートメーションのデータは操作を行ったトラック（ここではGuitar）の下に、ラインとして記録されています。トラックを表示して修正することができます。

（手順）

(1) ソングエディタで、Guitarトラックの左にある「＋（トラック表示）」をクリックします（①）。

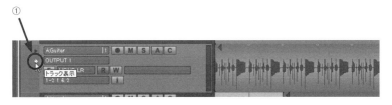

(2) オートメーションラインが表示されます。

矢印カーソルでラインに近づけるとカーソルに「Ctl（コントロール）」という文字が表示され、そのままラインをクリックするとポイントが作成されます（②）。

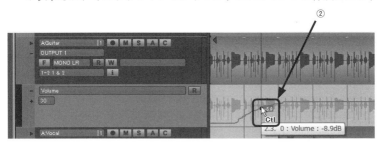

(3) ポイントをいくつか作り、ポイントをドラッグしてラインを修正します。

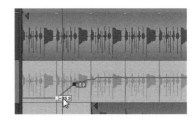

パンのオートメーション(ラインを描く)

続いてリアルタイムではなく、最初から手動でラインを書き込んでみましょう。

(手順)

(1) 現在「Volume」となっている「トラック名」をクリックします(①)。
(2) メニューからパンである「Panpot」をクリックします(②)。

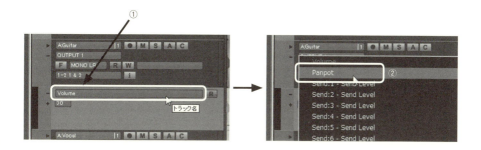

パンのラインが表示されます。

Part 1 でパンを調整したので、やや左側(中央よりやや下)に定位されています。

トラックの高さの中央がC、上に行くにしたがってR(右)側へ、下に行くにしたがってL(左)側になります。

ここでは曲が始まったとき(=1小節目の先頭)には右側いっぱいで、3小節目の先頭で今設定されている位置へ移動するようにしてみます。

(3) 3小節目の先頭でクリックしてポイントを作成します（③）。

ポイントは後でドラッグして調整できるので、この時点では正確に3小節目の先頭でなくても大丈夫です。

(4) 1小節目の先頭をクリックしてポイントを作ります（④）。

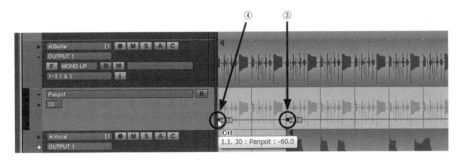

(5) 手順（4）で作成したポイントを一番上へドラッグします（⑤）。

　これで再生すると、右側から少しずつ中央に音が移り、3小節目で左側に移っていきます。その前の作業で記録したボリュームのオートメーションと相まって、変化がついたのがわかります。

　その他、オートメーションは、センドレベルやインサートエフェクト設定などほとんどのパラメーターを記録/再現が可能です。ぜひ、曲に表現をつけるために活用してみてください。

Part3
マスタリング編

　エフェクトのアサインや調整、そして音量とパンの調整、そしてオートメーションの設定などが終わりました。通常はこれでWaveファイルなどの一般的なフォーマットに書き出して終了、ということになりますが、ここでは最後の仕上げの作業「マスタリング」を行います。

　マスタリングは、通常、複数の曲をCDに収録する際、曲ごとに音量がバラバラで聞きにくくならないように調整したり、曲と曲との間の時間を調整したりする作業を指していましたが、現在では、「この曲をどのようなテイストに仕上げるか＝音質を調整する＝イコライザー系エフェクトを使う」「リスナーに迫力を感じさせたい＝音圧を上げる＝ダイナミクス系エフェクトを使う」というような作業も加わってきました。よってここでは、イコライザー系エフェクトとダイナミクス系エフェクトを使ったマスタリング作業を紹介します。

　通常マスタリングは一度オーディオファイルに書き出してからあらためて別のエンジニアによって行われますが、ここでは、最終的な音の出口であるOUTPUT 1にエフェクトをかけて行います。

マスタリングで使うエフェクトその1
イコライザー系エフェクト 「Graphic EQ」

■全体的な音質を調整する＝グラフィックイコライザー

　これまで音質を調整するエフェクトとしてパラメトリックイコライザーの使い方を解説しましたが、ここでは音質を補正するというよりも「好みの音になるよう」に使います。こういう場合には、どの周波数帯を強く／弱くするかが細かく分かれているグラフィックイコライザーを使います。

● Chapter 9 ミックスダウン

■グラフィックイコライザーの読み込み

(手順)

(1) OUTPUT 1トラックのインサート1番目をクリックして、メニューから「EQ」＞「Graphic EQ」をクリックします（①）。

Graphic EQ（グラフィック EQ）が表示されます。

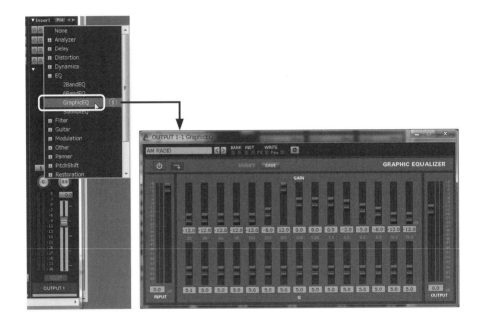

Graphic EQは、上側の「GAIN（ゲイン）」で周波数を15のポイントで分割し、ツマミを上にドラッグしてブースト（強める）/下にドラッグしてカット（弱める）することで音質を変えます。周波数は左が低く右に向かって高くなっており、単位は「Hz（ヘルツ）」です。下側は「Q（キュー）」で、調整する周波数の幅を変更します。

グラフィックEQは初期設定ではプリセット「AM RADIO」が選択されています。これは文字通り、音質を下げてAMラジオのような音質にするプリセットなので、まずこれを変更します。

(2) プリセット欄をクリックして、ここではブースト / カットしていない「FLAT」にしておきます（②）。

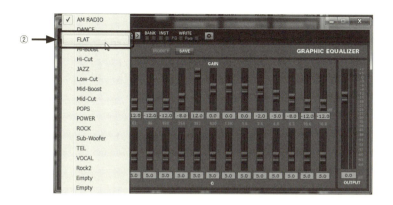

> **ヒント** 同じくプリセットにある「Empty」は、何も操作をしていないということで「FLAT」とまったく同じ状態になります。

■Graphic EQ の操作

曲を再生しながら Graphic EQ を操作してみましょう。

（手順）

(1) 99Hz をカットすると、低音がなくスカスカの状態になります。逆にブーストするとキックやベースの音で重たい感じになります。

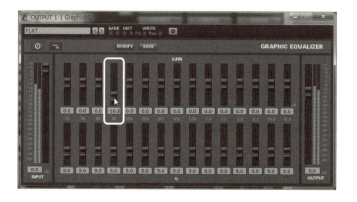

(2) 1.6kHzをカットすると、ボーカルやギターの音が後ろに引っ込みます。逆にブーストするとボーカルやギターが前に出てきます。

(3) 4.0kHzをカットするとスネアやハイハットがぼやけた感じになります。逆にブーストするときらびやかなサウンドになります。

このようにGraphic EQでも「どの周波数帯がどの楽器に影響を与えるか」を体感しながら調整していくと、音がまとまりやすくなります。

プリセットから選択する

プリセットを選択し、そこから自分の好みで調整するのがすばやいEQ調整のコツです。

(手順)

(1) プリセットから「ROCK」を選択します。

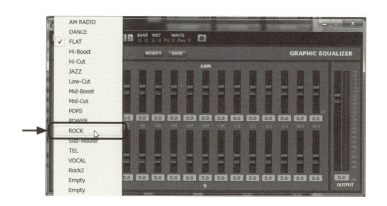

この状態で再生して音質がどうなっているか、再生して確認します。

たとえば、ちょっと低音がブンブンとうるさい、と感じたら、99Hz中心の周波数を少し下げてみます。

ボーカルがもっと欲しい/前に出したい、と感じたら1.6kHz中心の周波数を少し上げてみます。

シンバルがシャキシャキして耳障り、と感じたら4.0kHz以上の周波数を少し下げてみます。

■オリジナルのプリセットの保存

このようにして自分の好みの設定にしたら、その設定を他の曲でも使いたくなるはずです。現在の状態をオリジナルのプリセットとして保存します。

(手順)

(1)「SAVE」をクリックします(①)。

(2)「プリセットの保存」が開きます。「保存先プリセット」をクリックして(②)、プリセットがない「Empty」を選択します(③)。
(3)「保存プリセット名」も「Empty」になるので、オリジナルの名前をつけます。ここでは「Empty」をドラッグして選択した状態で「Master EQ」と入力し(④)、「OK」をクリックします(⑤)。

Part3 マスタリング編

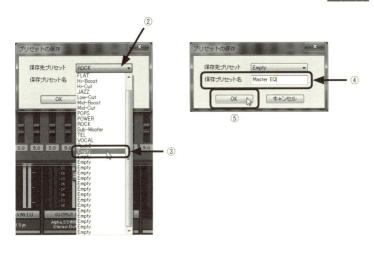

これで他のソングを開いた場合も、Graphic EQを読み込んでプリセットをクリックすると「Master EQ」が選択できるようになります。

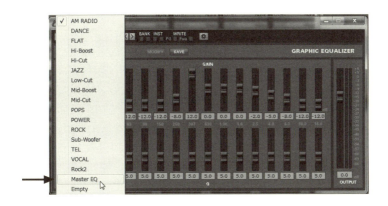

マスタリングで使うエフェクトその2
ダイナミクス系エフェクト 「Maximizer(マキシマイザー)」

　ダイナミクス系エフェクトはそのほとんどがコンプレッサーの仲間で、音を圧縮することで音圧に影響を与えることができます。その中でも特に音圧を上げることに特化したものを「Maximizer」と呼びます。

■Maximizer の読み込み

(手順)

(1) OUTPUT 1 トラックのインサート2番目をクリックして、メニューから「Dynamics」＞「Maximizer」をクリックします。

　Maximizerが表示されます。Maximizerはプリセットがないので、プリセット欄は「Empty」と表示され音質が変わらない初期設定の状態になっています。

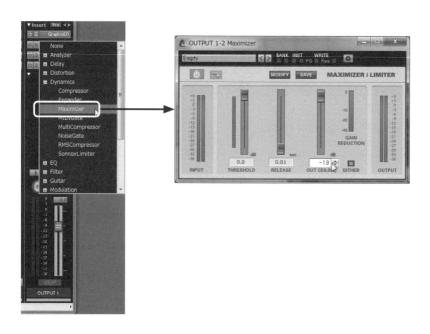

■Maximizer の操作

曲を再生しながらMaximizerを操作してみましょう。

手順

(1)「OUT CEILING（アウトシーリング）」を下にドラッグして「-1.0」程度にします（①）。

「OUT CEILING」は、Maximizerの最終出力をコントロールします。このあと、音圧を上げる作業を行っても、ここで設定した音量より上がらない仕組みです。歪みが発生するのは0dBを超えたときなので、初期設定の0dBのままでもいいのですが、楽器や音の状況によってはまれにオーバーすることがあるので、保険として「-1.0dB」くらいに設定しておきます。こうすれば歪みを起こす可能性が少なくなり、安全に音圧を上げることができます。

(2) THRESHOLDを下にドラッグしていきます（②）。「GAIN REDUCTION」のメーターが下に向かって反応します（③）。音圧もグッと出てきて迫力あるサウンドになっています。

ただ、こうすると音が汚くなってきます。各楽器が不鮮明な響きになるので、迫力を保ちつつクリアなサウンドになるところを探します。

Maximizerは聴感上低域が増大するように働きます。低域がブーストされ過ぎていると感じたらGraphic EQを起動して、低域を調整してみてください。

● Chapter 9　ミックスダウン

音を客観的に判断するグッズを利用する

　ABILITYシリーズには音をビジュアル的に表示し、音質や音量を判断するのに役立つツールが用意されています。

■周波数アナライザ

　周波数の分布をリアルタイムで表示するアナライザです。

　「表示」＞「周波数アナライザ」をクリックします。
　再生すると、各周波数がどれくらいの音量レベルを持っているかがリアルタイムで表示されます。

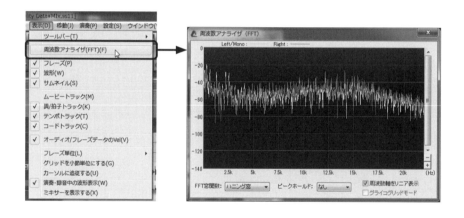

グライコグリッドモード

　周波数アナライザは、付属のグラフィックイコライザーのバンドと周波数ポイントでグリッドを表示することができるので、音質調整の際、どの周波数を操作すればいいのかが簡単にわかるようになっています。

（手順）
(1) 初期設定でチェックが入っている「周波数軸をリニア表示」をクリックしてチェックをはずします（①）。
(2) 「グライコグリッドモード」が選択できるようになるのでチェックを入れます（②）。

Part3 マスタリング編

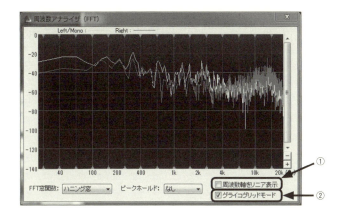

① 周波数軸をリニア表示
② グライコグリッドモード

　周波数アナライザのカーブを見て周波数を確認し、グラフィックイコライザーを操作します。

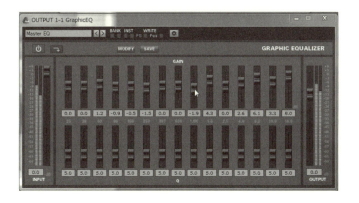

285

● Chapter 9　ミックスダウン

■ LoudnessMeter（ABILITY Pro のみ）

　人間の耳に近い反応を示すレベルメーターで、国際規格である「EBU R128」「ARIBTR-B32」規格に準拠しています。LoudnessMeterはインサートエフェクトとして読み込みます。ここでは、マスタリング用エフェクトを通ったあとに読み込み、エフェクトがかかったあとの音量を測定します。

（手順）

(1) OUTPUT 1 のインサートの 3 つ目でクリックして、メニューから「Analyzer」＞「LoudnessMeter」をクリックします。

　Loudness Meterが開きます。

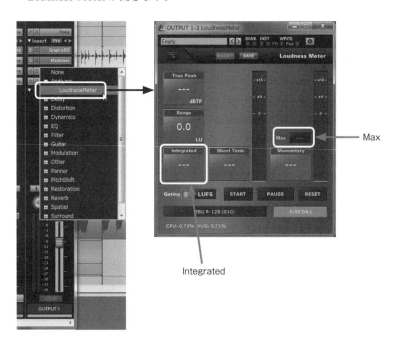

Integrated

　再生すると各測定項目が反応します。ここでは特に「Integrated（平均値）」と「Max（最高値）」に注目して「0.0」を超えないよう、その前にあるエフェクト（EQやマキシマイザー）を調整します。「Short Term（直前3秒間）」「Momentary（直前400ms（ミリセコンド））」など短い時間での測定値も表示されるので参考にしてください。

286

Chapter 10

オーディオファイルに保存する

● Chapter 10　オーディオファイルに保存する

Part1

オーディオ書き出し（オーディオファイルに保存）編

　ミックスダウンが終わった曲をその他の媒体に適したファイル形式に変換します。Part1では、オーディオファイルとして書き出し、ABILITYシリーズの機能でオーディオCDを作成します。

オーディオファイルに保存する

　ソングをオーディオファイルに変換して保存します。ここではデスクトップにCD制作のためにWaveファイルを、そして同時にポータブルプレーヤー、携帯電話やスマートホンなどで聞くための圧縮ファイルとしてMP3ファイルにも保存します。ABILITYシリーズでは、WaveファイルとMP3ファイルを同時に作成することができます。

オーディオファイルに保存する手順

（手順）

(1)「ファイル」＞「オーディオファイルに保存」をクリックします（①）。

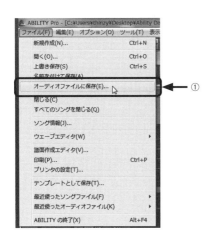

(2)「オーディオファイルに保存」が開きます。ファイル名は「Mastering」としました（②）。

Part1 オーディオ書き出し（オーディオファイルに保存）編

(3)「オーディファイルを保存するバス」の「変更」をクリックします（③）。
(4)「フォルダの選択」が開くので「Desktop」をクリックして選択し（④）「OK」をクリックします（⑤）。
(5)「WAV ファイルに保存」（⑥）と「MP3 に保存」（⑦）にチェックを入れます。
(6)「WAV フォーマット」欄はオーディオ CD の基本フォーマットである
　「サンプルレート」　44100
　「ビット解像度」　16bit
　「チャンネル」　STEREO
　にします（⑧）。
　初期設定では「ビット解像度」が「24Bit」になっているのでクリックしてメニューから「16Bit」を選択します。
(7)「MP3 フォーマット」ではビットレートを選択します。ここでは「192」に設定します（⑨）。
(8)「トラック名」では、曲全体を 1 つのファイルとして出力するので「OUTPUT 1」左の「1」の部分にチェックを入れます（⑩）。

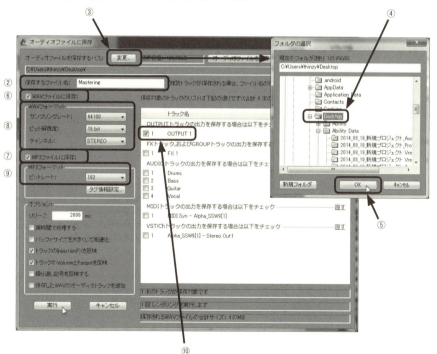

● Chapter 10 オーディオファイルに保存する

(9)「オプション」は通常初期設定のままにしておきます。曲中で繰り返し記号などを使って演奏をしている場合などに「繰り返し記号を反映する」などにチェックを入れますが、ここでは使っていないのでチェックを入れないままにします。
またエフェクト処理をしている場合や、オートメーションを作成した場合は、必ず「トラックのInsertion FXを反映」「トラックのVolumeとPanpotを反映」にチェックを入れておいてください。

⑪

(10)「実行」をクリックします(⑪)。
(11)処理が終わるとレポートが開きます。ここでは「オーディオファイルを保存したパスにログファイルを保存する」のチェックをはずした状態で(⑫)「閉じる」をクリックします(⑬)。

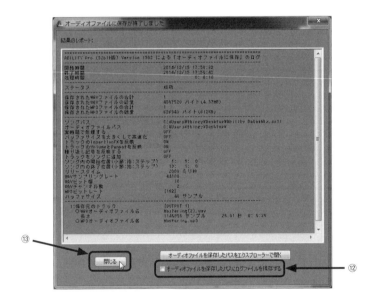

⑬
⑫

デスクトップを表示するとWaveファイルとMP3ファイルが作成されています。

トラックを個別にオーディオファイルとして保存する

制作したソングの各トラックを個別のオーディオファイルとして保存します。

これは、たとえばABILITYシリーズで作成した伴奏を元に、レコーディングスタジオでボーカルを録音したいことがあります。ただ、レコーディングスタジオで他の音楽制作ソフトを使っているような場合、ABILITYシリーズのデータは直接読み込めません。そういうときに、トラックを別々に書き出してオーディオファイルとして保存しておけば、そのデータをレコーディングスタジオの音楽制作ソフトで読み込んで作業することができ、便利です。

個別にオーディオファイルとして保存する

(手順)

(1)「ファイル」>「オーディオファイルに保存」をクリックします(①)。
(2)「オーディオファイルを保存するバス」の「変更」をクリックします(②)。

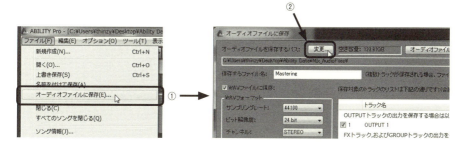

(3)「フォルダの選択」が開くので、「Desktop」をクリックして選択し(③)、「新規フォルダ」をクリックします(④)。

ヒント 複数のファイルを一度に作成・保存するので、ばらばらにならないよう、フォルダをあらかじめ作って指定します。

(4) ここではフォルダ名を「Recording」とし
て「OK」をクリックします（⑤）。
(5) 通常のレコーディング現場で受け渡しす
るファイルは Wave ファイルのみです。
「WAV ファイルに保存」にチェックを入
れ（⑥）「MP3 ファイルに保存」のチェッ
クをはずします（⑦）。
(6)「WAV フォーマット」は、オーディオ CD
のような確固たるフォーマットはないので
ここでは初期設定のままとします（⑧）。

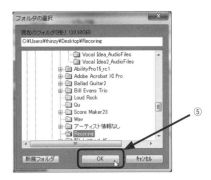

(7)「トラック名」では、各トラックをバラバラに保存するので、全体がまとまって保存
される「OUTPUT 1」、そして全体にエフェクトをかけるための「FX 1」はチェッ
クをはずします（⑨）。
そして各 AUDIO トラックにはすべてチェックを入れ（⑩）、MIDI トラックはとき
としてオーディオエフェクトを反映する場合もあるので「VSTiCH」（オーディオト
ラックの方）を有効にします（⑪）。

(8)「オプション」では、個別に保存する場合には
エフェクトやオートメーションは何も加えない
ので、すべてのチェックをはずします（⑫）。
(9)「実行」をクリックします（⑬）。
(10)処理が終わるとレポートが開きます。ここで
は「オーディオファイルを保存したバスにログ
ファイルを保存する」のチェックをはずした状
態で「閉じる」をクリックします（⑭）。

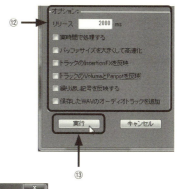

デスクトップに作成した「Recording」フォルダを見ると、各トラックが個別に保存されているのがわかります。

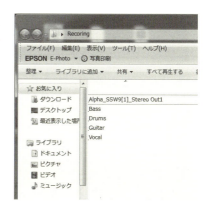

● Chapter 10 オーディオファイルに保存する

Part2

CD作成/読み込み編

オーディオCDの制作

　ABILITYシリーズでは、専用のCDライティングソフトを使わなくてもABILITYシリーズの機能としてCD制作が行えます。ここではデスクトップにあるオーディオファイルをCDにライティングします。

> CD制作ができるのは、ウェブファイル (Wave、*.wav)、MP3ファイル (＊.mp3)、WMAファイル (*.wma) ファイルのみです。

（手順）

(1)「ツール」＞「CD作成」をクリックします（①）。
　　「CD作成」が開きます。
(2) CDライティングするファイルをリストに表示します。「リストに追加」をクリックします（②）。

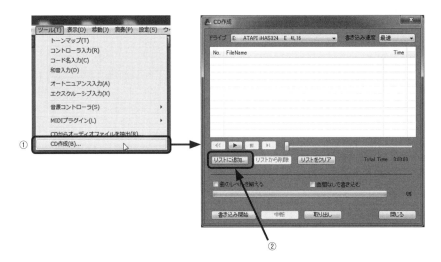

(3) ここではデスクトップにある「Loud Rock」というフォルダにある「01 ～ 04」という4曲を選択します。複数の曲のファイルをリストに並べる場合、隣り合っているファイルならファイル全体をドラッグしたり、Ctrlキーや Shiftキーを押しながらクリックしたりするなどして選択して「開く」をクリックします（③）。

また1曲ずつ選択して「開く」という作業を繰り返してもかまいません。曲順はこのあとでもファイルをドラッグすれば変更できます。

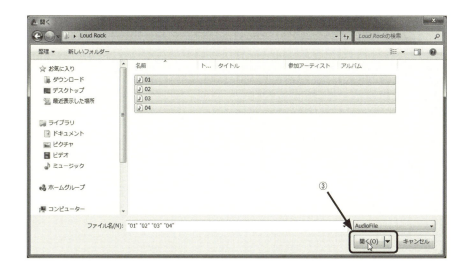

(4) 必要に応じて選択項目を設定します。

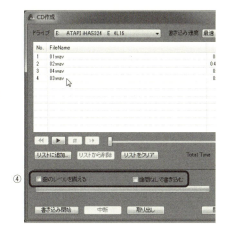

「曲のレベルを揃える」

曲の音量が一定ではなく聞きにくいときにチェックを入れます。マスタリングの作業が終わっていれば必要ありません。

「曲間なしで書き込む」

ノンストップCDを作成する際にチェックを入れます。通常は必要ありません。

ここでは2項目ともチェックを入れないで（④）CDを作成します。

(5) 空のCD-Rをパソコンのドライブに入れ「書き込み開始」をクリックすると（⑤）書き込みが始まります。

(6) 書き込みが終了すると、図のような画面になります。「OK」をクリックします（⑥）。

ヒント　パソコンによっては書き込みが終了するとドライブが自動的に排出されます。

(7)「CD作成」画面に戻るので、「閉じる」をクリックして画面を閉じます。

Part2 CD 作成 / 読み込み編

オーディオ CD から MP3 に変換する

　市販されているオーディオ CD の曲を一括して MP3 ファイルに変換することも ABILITY シリーズだけで行えます。ここではオーディオ CD を MP3 ファイルに変換しデスクトップに保存します。

(手順)

(1) オーディオ CD をパソコンのドライブに挿入します。
(2) 「ツール」＞「CD からオーディオファイルを抽出」をクリックします（①）。
　　「オーディオファイルの抽出」が開きます。
　　オーディオ CD の内容がリストに表示されます。

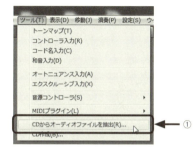

(3) 「Track No.」にあるチェックボックスをチェックして、変換したい曲を選ぶか、あるいは収録されているすべての曲を変換する場合には「全てを選択」をクリックします。
　　ここでは 1、2 曲目を選択しました（②）。
(4) 「保存先フォルダ」に変換したファイルが保存されます。「保存先変更」をクリックして（③）「Desktop（デスクトップ）」を指定し（④）「OK」をクリックします（⑤）。

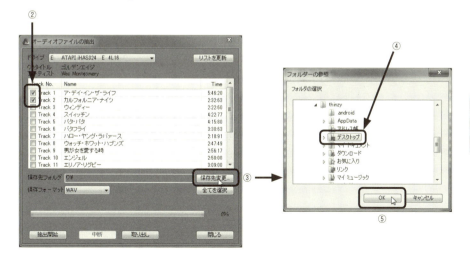

Chapter10

● Chapter 10 オーディオファイルに保存する

(5)「保存フォーマット」をクリックしてメニューから「MP3」を選択します（⑥）。
(6)「抽出開始」をクリックします（⑦）。
(7)「CD リッピングが正常に終了しました。」と表示されたら「OK」をクリックします（⑧）。

(8)「オーディオファイルの抽出」画面に戻るので、「閉じる」をクリックして画面を閉じます。

デスクトップには抽出したアーティスト名のフォルダが作成され、フォルダを開くとアルバム名のフォルダが作成され、その中に曲のMP3ファイルが保存されています。

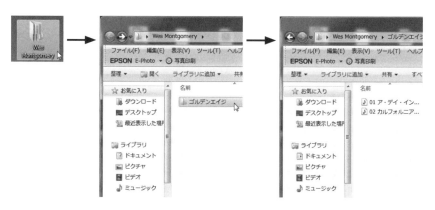

Chapter 11

楽譜の作り方

● Chapter 11　楽譜の作り方

　作曲したメロディに、コードと歌詞を加えて楽譜として印刷したいことがあります。ABILITYシリーズなら簡単にきれいな楽譜を印刷できます。

　ここでは例として、図のような曲を入力し、楽譜として印刷できるように体裁を整えていきます。

スコアエディタでの入力

メロディ用のMIDIトラックだけを作成します。

■新規作成

（手順）

(1)「ファイル」>「新規作成」をクリックします（①）。
(2)「新規作成」画面で「テンプレートから選択」のチェックをはずし、「MIDI」のみ1トラック作成します（②）。

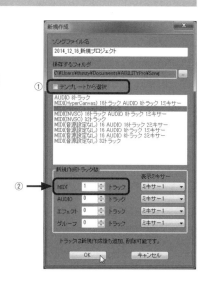

(3)「ウインドウ」>「ウインドウの起動」>「スコアエディタ」をクリックします。
スコアエディタが開きます。

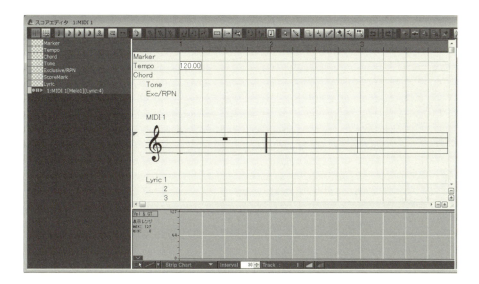

■ メロディの入力

これまでに解説したステップ入力やリアルタイム入力を使って、スコアエディタで音符を入力します。

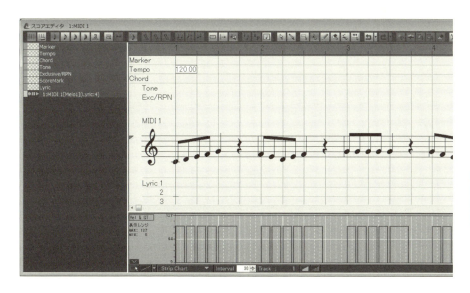

● Chapter 11 楽譜の作り方

■テンポの入力

テンポは ♩ = 125 に設定します。

(手順)

(1) 現在「120」となっている数値をダブルクリックして反転させます。
(2) ここでは「125」と入力して Enter キーを押して確定させます。

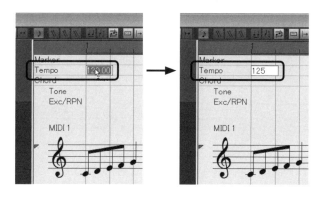

■コード入力

Chordトラックにコードを入力します。

(手順)

(1) 1小節目の先頭の音の上で、Chord トラックの部分にカーソルを近づけると、カーソルの下に「Chord」と表示されます。
(2) その位置でダブルクリックすると、「C」という文字が反転表示されます。そのまま Enter キーを押して確定します。

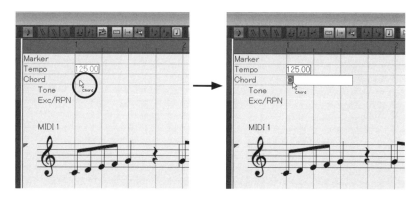

(3) 2小節目も同様に、先頭の音の上で、Chordトラックの部分にカーソルを合わせて位置を確認してからダブルクリックし、反転している「C」が表示されたら、「F」を入力し Enter キーを押して確定します。

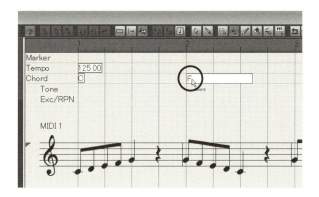

(4) 以下、同様の手順で300ページの楽譜を参照してコードを入力していきます。

4小節目は小節の先頭ではなく3拍目に入力します。位置が合っているかどうかを確認してから入力しましょう。

コードが入力できました。

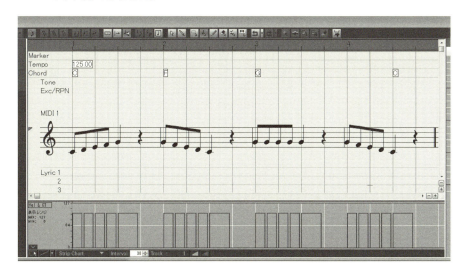

● Chapter 11　楽譜の作り方

■歌詞の入力

　ここでは例として、歌詞の代わりとして音名を入力します。歌詞は、音符ごとに入力します。

(手順)

(1) 歌詞の1番を入力します。
　　先頭の音符の下、「Lyric（歌詞）」の「1」のところでクリックします（①）。
(2) カーソルがIになり、赤いライン（②）が表示されたところでダブルクリックします（③）。

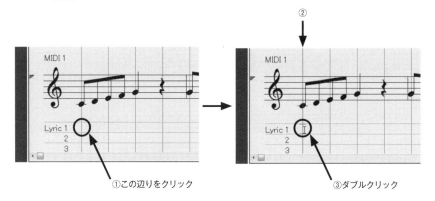

①この辺りをクリック　　　　　　　③ダブルクリック

(3) 白い□の中に入力カーソルが点滅します（④）。最初の歌詞、カタカナの「ド」を入力します（⑤）。

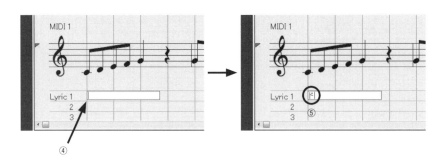

ヒント　ここでは日本語で歌詞を入力します。「ど」を「ド」に変換した後、Enter キーを押して確定しておきます。

(4) パソコンキーボードの Tab キーを押すと次の音符の下に入力カーソルが移動します
(⑥)。

(5)「レ」を入力して (⑦)、再び Tab キーを押します。

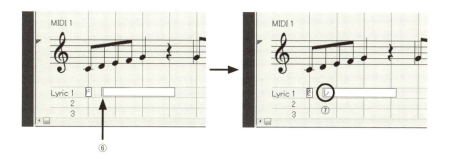

(6) 以降、同様の手順で 300 ページの楽譜を参照して歌詞を入力していきます。

譜面作成エディタで調整する

ABILITYシリーズには見やすい譜面を作成するために、別途「譜面作成エディタ」が用意されており、楽譜としてのレイアウトを調整することができます。

■譜面作成エディタを開く

「ウインドウ」＞「ウインドウの起動」＞「譜面作成エディタ」をクリックします。

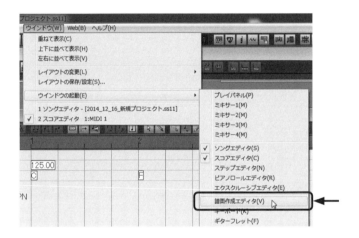

「譜面作成エディタ」が開きます。

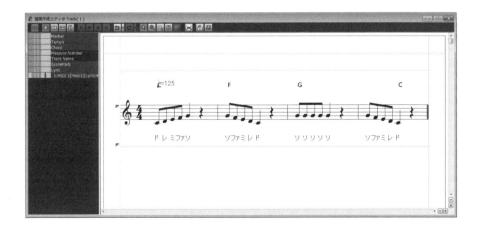

■印刷レイアウトの設定での調整

レイアウトは「印刷レイアウトの設定」で調整します。
「印刷レイアウトの設定」をクリックすると、「印刷レイアウトの設定」が開きます。

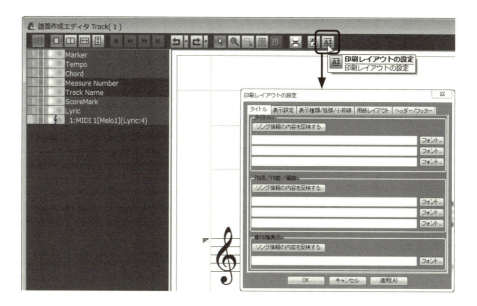

■「タイトル」タブ

　タイトル、作詞/作曲/編曲、著作権表示などの入力、設定が行えます。各項目の文字は「フォント」をクリックすると開く「フォント」でフォント、スタイル、サイズなどを調整できます。

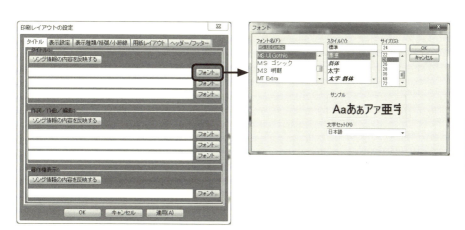

● Chapter 11　楽譜の作り方

　ここではフォントはデフォルトのまま、「タイトル」に「ドレミファ」を、「作詞／作曲／編曲」に「平池尚」を入力しました。「著作権表示」には何も入力していません。

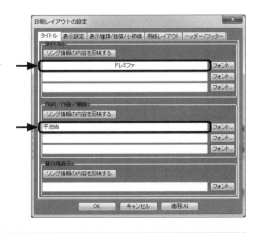

> **ヒント**　タイトルは3段まで入力できるので、副題なども入力できます。「作詞／作曲／編曲」も3段まで入力できるので、それぞれの名前を1段ずつ入力できます。その際、名前の前に「作詞：○○」というように入れると、誰が何を担当したかわかりやすくなります。

「表示設定」タブ

　このタブでは「印刷開始小節の設定」が「1」になっていることを確認するだけです。「小節幅を均等に印刷／表示する」は細かい音符がたくさん入っているような場合には見にくくなるので、通常はチェックを入れません。

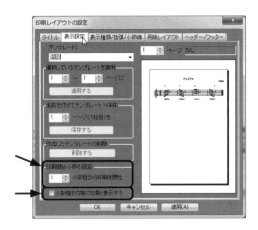

■「表示種類/括弧/小節線」タブ

テンポやコード、小節番号などを表示するかどうかを設定します。ここでは小節番号とトラック名は表示しないので、「小節番号の表示」「トラック名の表示」のチェックをはずします。

「括弧/小節線の接続の追加」はピアノの大譜表や楽器をセクションごとに括弧でくくってまとめるのに使います。

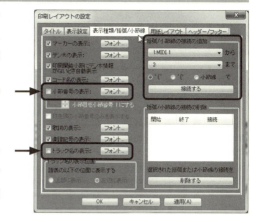

ここで作成しているのはメロディ譜なので、初期設定のままにしておきます。したがって、その下の「括弧/小節線の接続の削除」も何も設定しません。

■「用紙レイアウト」タブ

印刷する際の用紙のレイアウトを調整します。これは一度印刷してみて、不具合が出たような場合に調整すると良いでしょう。

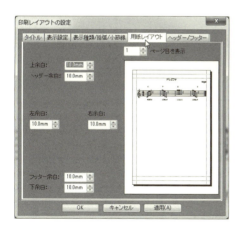

■「ヘッダー/フッター」タブ

「ヘッダー」では各ページの上に表示する文字を設定します。「マクロ」をクリックすると表示する項目が選択できます。ここで項目を選択すると、項目右に表示されている文字、たとえば「ファイル名」の場合「&F」が左の□に入力されます。また「表示位置」で表示する位置、「フォント」でフォントやサイズ、スタイルが選択できます。

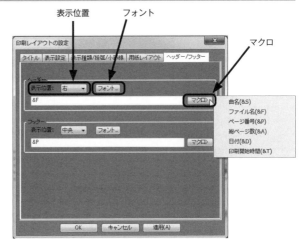

ここではヘッダーは必要ないので、文字が入力されている場合はドラッグして選択し、削除しておきましょう。

「フッター」では各ページの下に表示する文字が設定でき、初期設定ではページ番号「&P」が表示される設定になっています。曲が長くなりページが増えたときにページ番号があると便利です。このままにしておきます。

最後まで設定が済んだら「OK」をクリックします。
設定した項目が反映された状態です。

個別設定

「印刷レイアウトの設定」では、大まかな設定が行えました。あとは、見やすい譜面になるよう、個別に手動で調整していきます。

■テンポの位置

コードにかぶって見にくいので上にドラッグします。

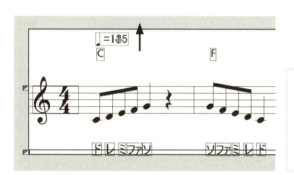

ヒント コードやテンポなどをクリックすると、その段を修正するモードになり、段全体が青いラインで囲まれます。

■歌詞の位置

音符から離れていてわかりにくいのでこちらもドラッグして調整します。

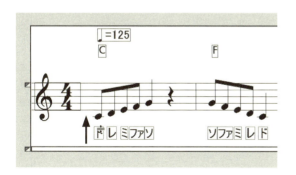

修正が終わったら、画面の何もない場所をクリックして修正モードから抜けます。

● Chapter 11 楽譜の作り方

■印刷

レイアウトが整ったら、印刷してみましょう。

(手順)

(1)「ファイル」＞「印刷」をクリックします。
(2)「印刷」が開きます。「プロパティ」などでプリンタに関する各種設定を行い「OK」をクリックして印刷します。

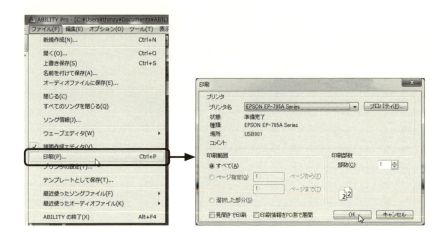

まだある VST インストゥルメント、VST エフェクト

本文では紹介しきれなかった VST インストゥルメントと、バージョン 1.5 で追加された VST エフェクトを紹介します。

LinPlug SaxLab2
(VST インストゥルメント、ABILITY Pro のみ)

分厚いパワフルなサックスセクションから、きらびやかに伸びるソロまでサックスパートを彩るインストゥルメントです。ワイドレンジでハイクォリティなバス、バリトン、テナー、アルト、ソプラノサックスのサウンドを網羅し、高い表現力と使いやすさを両立しています。

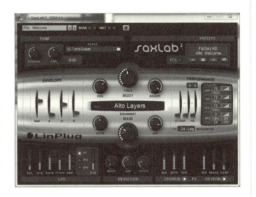

Native Instrument REAKTOR
(VST インストゥルメント / エフェクト、ABILITY Pro のみ)

ギター音源として使用した KONTAKT と同じ NI(ネイティブインストゥルメント)社のシンセサイザーモジュールで、6つの異なるソフトシンセを搭載した、多彩な音色を堪能できるハイブリッドなインストゥルメントです。インストゥルメントだけではなくエフェクトとしても使用できます。

LinPlug Spectral
(VST インストゥルメント、ABILITY Pro のみ)

4つのオシレーター、フィルター、エンベロープジェネレーター、アルペジエーター、エフェクトという構成のアナログチックなシンセサイザーです。中央のモジュレーションマトリックスへ音作りに重要なパラメーターを読み込んで多彩な変化を加えることができます。

LinPlug relectro
(VST エフェクト、バージョン 1.5 で追加)

一般的なエフェクトとは異なり、relectro は幻想的で独創的な効果を発揮するエフェクトです。relectro に通すだけで、ありきたりのビートがユニークでエレクトロニックでそしてエキサイティングなサウンドに変化します。

索引

■数字
4和音を含める 152
8va 126
8vb 126

■アルファベット

A
ACID Wave 170, 180, 231
Alpha 82, 83
ATTACK（アタック）245, 246, 247, 248
AUDIO トラック 28, 182, 292
AUTO ハーモナイズ 132, 198

B
BALANCE（バランス）251, 253

C
CD から MP3 に変換 297
CD リッピング 298
CHORD TONE 198
CONTROL（コントロール）245
CrX4 84

D
Delay 34
DENSITY（デンシティ）253
Distortion 165
Dynamics（ダイナミクス）189, 243, 244, 282

E
ED（エディット）24, 25
EZ アレンジ 151, 155, 157
E（再生終了）222

F
FREQUENCY（周波数）240
FX 37, 237, 249, 250, 251, 252, 253, 256, 257, 266, 290, 292

G
GAIN REDUCTION 283
GAIN（ゲイン）165, 240, 241, 276, 283
Guitar Rig 161, 171

H
Harm 200
HF-DAMP（ハイダンプ）253
Hyper Canvas 24, 25, 89, 90, 92, 93
　OPTION 93, 94
　SYSTEM 93
H（高域）240

I
Instrument 86, 129
i（インスペクタ）29, 161, 165

K
Kontakt 5 86, 88, 256

L
Location 118, 119, 124
Loop 170
LoudnessMeter 286
Lyric 304
L（低域）67, 69, 240
L（パン）33, 34, 270, 273

M
Maximizer（マキシマイザー）282, 283
MIDI イベントとして入力 51
MIDI キーボード 10, 11, 13, 14, 16, 140
MIDI トラック 22, 41, 56, 76, 145, 179, 255, 264, 265, 292, 300
MIDI トラックの作成 76, 265
MIDI トラック編集 56, 145
MIDI プラグイン 120, 130, 131
MIDI フレーズ入力のオプション 51
MIDI ポート 13
MP3 227, 228, 288, 289, 290, 292, 294, 297, 298

N
Note 118, 121

O
Org 200
OUT CEILING（アウトシーリング）283
OUTPUT トラック 265

P
Pitch Bend 130
Post Effect 36, 37
PRE-DELAY 253
Pre Effect 34, 36, 37, 165
Pre-roll（プリロール）142, 148, 171
P（設定した周波数）240

Q
Q 240

R
Rec Effect 36, 37, 161, 162, 173
Rec M（モニター）30, 31, 161, 173, 188
RELEASE（リリース）245, 246, 247, 248
ReWire 64, 65, 66, 67, 69, 70, 71, 73
RMV 24, 79, 80, 86, 256

S
Send 36, 37, 237, 252, 253
SIZE（サイズ）253
Sonnox 238, 258, 259, 260
Strip Chart 115, 116, 117, 123, 135
S（再生開始）222
S（ソロ）269

● INDEX

T
TIME（タイム） 253, 254

V
Vel & GT 123
Velocity 115
VOCALOID 64, 65, 66, 68, 69, 70, 71, 72, 73
VST インストゥルメント 22, 24, 41, 76, 78, 255, 256

W
W（オートメーションライト） 271, 272

■ かな

あ
アウトプットトリム 264
空きトラック 48
アクセント 120, 121, 131
アクセントシミュレータ 120, 121, 130, 131
アクセント・パターン 120, 121
アクティブモード（A） 184
アタック 241, 243, 244, 245, 246, 247, 248
アタックライン 204, 205, 206, 207, 208
アタックラインの追加 206
アルペジエーター 132
アレンジ 40, 41, 42, 43, 44, 47, 48, 50, 60, 151, 152, 155, 157, 167
アレンジパターンを試聴（Ptn） 43
アレンジパネル 151, 152, 155

い
イコライザー 238, 239, 259, 268, 275, 276, 285
移調 56
イベント 51, 52
インサートエフェクト 236, 238, 250, 256, 274, 286
印刷 300, 307, 312
印刷レイアウトの設定 307

う
ウェーブエディタ 212, 226
上書き保存 63, 226

え
エクスプレッション（Expression） 135
エフェクト 26, 33, 34, 35, 36, 37, 160, 161, 162, 163, 164, 165, 173, 178, 189, 190, 233, 234, 235, 236, 237, 238, 243, 249, 250, 252, 255, 256, 258, 262, 265, 271, 274, 275, 282, 286, 290, 292, 293
エフェクトの起動 161, 165
演奏オプション 65

お
オーディオ CD の制作 294
オーディオインターフェース 10, 11, 14, 15, 16, 20, 21, 26, 27, 148, 171, 187, 265
オーディオ書き出し 288
オーディオデータの入力 230, 231, 232
オーディオトラックに出力 200, 201, 209
オーディオファイルに保存 287, 288, 291
オーディオファイルを全体表示 219
オーディオフォーマット 15, 227
オーディオポート 14, 15
オーディオミキサーインスペクタ 29, 30, 31, 32, 33, 36, 160, 161, 165, 173, 188, 189
オートニュアンス入力 128
オートメーション 271, 290, 293
オートメーションの修正 272
オートメーションライン 272
オプション設定 93, 94
「音符」タブ 114, 126

音符入力モード 105, 110

か
書き出し 227, 275, 288, 291
歌詞の位置 311
歌詞の入力 304
カット 174, 175, 216, 240, 242, 276, 277, 278

き
キーボード画面 23, 81
キーボードステップ 96, 97, 107
キーを変更する 56
ギターストロークシミュレータ 134
ギターソロシミュレータ 133
起動 11, 12
曲間なしで書き込む 295
曲の先頭に戻る 46, 61, 143
曲のレベルを揃える 295
切り抜き 220

く
クォンタイズ 144, 145, 146, 194, 195
グライコグリッドモード 284
グラフィック 238, 239, 275, 276, 284, 285
グリッド 52, 100, 105, 106, 108, 110, 111, 112, 114, 122, 125, 144, 145, 168, 169, 174, 177, 194, 195, 204, 205, 208, 284
グリッドにスナップ 52, 168, 174, 205
グリッドの固定 110, 111
グリッドモード 110, 111, 125, 284
クレッシェンド 126

け
形式の変更 228, 231
ゲイン 225, 276
ゲートタイム（GT） 114, 122, 123, 124
結合 196, 197

こ

後方固定 205
コード入力 74, 154, 302
コード判定 151
コード変更するタイミング 152
コード名入力 74
コピー 52, 53, 137, 138, 221, 223
コンプレッサー 189, 236, 243, 244, 269, 282

さ

再実行 172
再生 20, 21, 141, 206, 213, 234
作詞／作曲／編曲 307, 308
サンプリングレート 227

し

シチュエーション 47, 52
ジャンル 155, 167, 234
周波数アナライザ 284
出力デバイス 80, 83, 85, 88, 265
消去 214
シング to スコア 148, 150

す

ズームスライダー 192, 217
スクロールバー 48, 49, 99
スコアエディタ 59, 107, 110, 123, 131, 147, 148, 151, 300, 301
スタッカート 126
ステップエディタ 118, 120, 121, 122, 124, 130
ステップ入力モード 100, 101, 103, 108
ストリングスシミュレータ 135
スナップを一時的にオフ 174
全てを選択 213, 297
スラー 126
スライス 204
スレッショルド（Threshold） 136, 245, 283
スロット 34, 238, 239, 244, 251, 252

せ

セレクトプレイ 182

そ

ソロ（S） 269
ソングエディタ 18, 41, 230
ソングと同期 197, 208, 213
ソングに貼り付け（Set） 45
ソングのコードで演奏（Chd + Ptn） 44
ソングの保存 63

た

タイ 112
タイトル 307

ち

チェインモード（C） 186
中央のド 99
チューニング 149, 171
調 56, 152

つ

つなぎ合わせ 185

て

データに反映 126
データの修正 144, 174
データの選択 213
データの分割 185
デクレッシェンド 126
テヌート 126
デフォルトプリメジャー 66, 71, 72
デモソングを開く 17
テンプレートから選択 40, 76, 140, 300
テンポ 55, 66, 140, 141, 166, 170, 180, 188, 302, 309, 311
テンポの位置 311
テンポを変更する 55

と

トラックの Insertion FX を反映 290
トラックの Volume と Panpot を反映 290
トラックの削除 48
トラックビュー 60, 96, 97, 98, 104, 108, 110
トラックボリューム 33, 34, 37, 264, 265
トラック名の変更 95
トラックを個別にオーディオファイルとして保存する 291
ドラムアクセント（シミュレータ） 120
ドラムトラック 79, 80, 104, 105, 157
ドラムパート 96, 103, 166, 169, 176
ドラムフレーズ 160, 166, 169, 170
トリミング ➡ 切り抜き を参照

な

名前を付けて保存 63, 73, 94, 179, 228

に

入力位置 101, 109, 231

の

ノイズ 31, 174, 175, 191, 214, 216, 217, 260
ノートナンバー 121
ノートパレット 100, 105, 106, 108, 110, 111, 112, 114, 125, 126
ノーマライズ 214, 215

は

バーチャルトラック 184
ハイインピーダンス 27
波形編集 212
鼻歌入力 148, 150
パフォーマンス・ファイル 93, 94
パラメータパレット 114
パラメトリック 238, 239, 275

317

● INDEX

判定パート 152
バンド 239, 241, 242, 243, 259, 284
パンポット 33, 34, 270

ひ
ピアノロールエディタ 96, 97, 98, 104, 106, 111, 115, 118, 143, 144, 157
ビートエディタ 203, 204, 206
ピッチクォンタイズ 194, 195
ピッチタイムエディットウィンドウ 194
ピッチの矯正 194, 195
ピッチの修正 187
ピッチベンド 133
ピッチライン 192, 193, 194, 195
ビット解像度 289
ビットレート 229, 289
ビットレゾリューション 227
表示種類 / 括弧 / 小節線 309
表示設定 308

ふ
ファンタム（PHANTOM）26, 31
フェードアウト 217, 219
フェードイン 217, 218, 231, 271
フェルマータ 126
フォーマット 15, 212, 227, 275, 289, 292, 298
フォーマット変更 227
フォント 307, 308, 310
符尾の向き 113
譜面作成エディタ 306
「フリーハンド」カーソル 193
プリセット 35, 162, 163, 165, 189, 190, 239, 241, 244, 246, 247, 251, 254, 259, 277, 279, 280, 281
プリセットの保存 280
プリファレンス 66
プレイパネル 19, 20, 21, 46, 61, 100, 140, 142, 143, 171, 182, 188, 234, 266

フレーズ 50, 51, 52, 54, 58, 103, 166, 167, 168, 169, 170, 176, 177, 178, 180
ブロック 192, 193, 194, 195, 196, 197

へ
ペースト 52, 53, 115, 137, 138, 221, 224
ベストテイクを作成 182
ヘッダー / フッター 310
ベロシティ 97, 98, 114, 115, 116, 117, 118, 119, 120, 121, 122, 123, 131, 136
ベロシティ Comp/Exp 136

ほ
ボーカルエディタ 191, 192, 197, 200
ボーカロイド 64

ま
マージ 223, 224
マイクのタイプ 26
マイクやギターの接続 26
マウスステップ入力 104, 110
マスタリング 258, 275, 282, 286, 295

み
ミキサー 68, 200, 235, 236, 250, 252, 255, 256, 263, 265, 266
ミュート（M）72, 198, 269
ミュート・パターン 134

め
メディアブラウザ 42, 45, 46, 50, 166, 167, 169, 177
メトロノーム 140, 141, 188, 234
メロディ生成機能 58

も
元に戻す 57, 62, 172
モニターがけ 189

や
矢印カーソルモード 101, 103, 113, 126, 128, 146

よ
用紙レイアウト 309
読み込み 94, 227, 230, 238, 249, 276, 282, 294

ら
ライブラリフォルダ 86, 87
ラバーバンドモード 120, 122, 123, 144, 153

り
リアルタイム 140, 271, 284
リアルタイム入力 140, 148, 301
リージョン 47, 52, 53, 58, 71, 72, 137, 138, 174, 176, 185, 186, 191, 212
リージョンの移動 71
リバーブ 190, 251, 253, 254, 259
リリース 245

る
ループ 170, 172, 177, 180, 182, 234, 266
ループレコーディング 182

れ
レイアウトの保存 19, 20, 41
レガート 135
レシオ（Ratio）136, 245
レベルメーター 30, 32, 286

ろ
録音 / 演奏の設定 65, 141
録音モード 30, 31, 142, 161, 173, 182, 188
録音レベル 171, 188
ログファイル 290, 293

◎著者紹介

目黒真二（めぐろしんじ）

東京写真専門学校（現・東京ビジュアルアーツ）音響芸術科卒。
1994年渡米し、MI（ミュージシャンズインスティテュート）ベース科に入学。帰国後、ベーシスト／ギタリストとして、またフリーのPA／レコーディングエンジニア／シンセサイザー・マニピュレーターとして活動する傍ら、2000年よりDTM関連／楽器／機器のテクニカルライターとしても活動をはじめ、現在までに30冊を超える著書を執筆、そして30本を超える教則DVDに出演、雑誌「サウンド＆レコーディングマガジン」「サウンドデザイナー」などに寄稿している。作編曲は平池尚名義のスマッシュヒットとなった「時を見つめて／佐藤千恵（クラウンレコード）」をはじめ、CD付き絵本「地球を助けて!! メダカのお願い（ルネッサンスアイ社）」のタイトルソングを作曲。
また「TOYOTA Create the Future Project」に参加し、東日本大震災の被災地の子どもたちに復興の歌作りを指導し「ぼくら〜 Future of Smiles 〜」として完成。テレビ／WebCMなどで放映された。

ABILITY シリーズについてのお問い合わせ先

■製品の詳細

以下ホームページでご確認ください。お問い合わせ先も案内されています。

http://www.ssw.co.jp/

■製品購入後のお問い合わせ

詳細は次の URL からご参照ください。

http://www.ssw.co.jp/support/contents/support_access/

または、製品に附属のマニュアルもしくは「ユーザーサポートのご案内」に記載の連絡先にお問い合わせください。

ABILITY1.5 実践音楽制作ガイド
――初歩からわかる、活用のヒントとテクニック

発行日　2015 年 3 月 7 日　第 1 刷発行
著　者　目黒真二
発行人　池田茂樹
発行所　株式会社スタイルノート
　　　　〒185-0021
　　　　東京都国分寺市南町 2-17-9 ARTビル 5F
　　　　電話 042-329-9288（ABILITY シリーズに関するお問い合わせは、上記をご確認ください）
　　　　E-Mail books@stylenote.co.jp
　　　　URL http://www.stylenote.co.jp/

協　力　株式会社インターネット

装　丁　又吉るみ子
印　刷　シナノ印刷株式会社
製　本　シナノ印刷株式会社

© 2015　Shinji Meguro　Printed in Japan
ISBN978-4-7998-0133-8 C1004

定価はカバーに記載しています。
乱丁・落丁の場合はお取り替えいたします。当社までご連絡ください。
本書の内容に関する電話でのお問い合わせには一切お答えできません。メールあるいは郵便でお問い合わせください。
なお、返信等を致しかねる場合もございますのであらかじめご承知置きください。
本書は著作権上の保護を受けており、特に法律で定められた例外を除くあらゆる場合においての複写複製等二次使用は禁じられています。